ECONBLOG

JORGE SEGURA

ECONBLOG

© 2016, Jorge Ladis Segura Romano
1ª edición: noviembre 2016
Editor: Estratega Financiero
estrategafinanciero.com

Edición de texto: Ana Fernández Abad
Diseño de portada: Guadalupe Cruz Ortiz de Landázuri

ISBN 978-84-617-6366-5
Depósito Legal M-39722-2016

Certificado con tecnología blockchain:
https://stamp.io/stamp/iv9axm06

estrega**financiero**

ÍNDICE

A mi hijo Salva

ANTESALA

Cuando leo prensa económica pienso: "¿Cómo va a entender esto la gente?". Con la televisión es aún peor, porque está inundada de una mezcla de clichés, frases vacías y tecnicismos incoherentes que no tienen ningún sentido o poco tienen que ver con la realidad.

Ya casi no leo prensa económica tradicional, los programas de televisión con comentaristas sobre temas económicos son puro divertimento irracional, el circo tertuliano es una caricatura cómica berlanguiana.

Creo que resulta casi imposible trascender algo de las noticias de los informativos. Algunos programas matutinos de radio ofrecen algo más de claridad, la radio aporta más profundidad y verso reflexivo, pero ¿quién aguanta una tertulia o noticiero económico sin imágenes durante un buen rato? Es difícil.

La información económica, tal y como está concebida en los medios de comunicación tradicionales, no puede ser entendida por una persona no experta. Yo mismo a veces no comprendo bien algunas noticias, sobre todo las puramente financieras. El problema no es mío. El problema tampoco es tuyo. Cuando lees dos veces un artículo y no lo entiendes, probablemente el que no ha entendido el tema es el periodista que lo ha redactado, que no sabe comunicarlo. O, sencillamente, tal vez se trate de algo que no tiene explicación de momento, que necesita más tiempo y elementos de juicio con perspectiva. Pero vivimos en el ya, hay que dar una aparente explicación, aunque carezca de sentido.

Debido a la velocidad esquizofrénica a la que fluye la información en nuestros días, los medios no pueden ofrecer análisis apropiados que expongan correctamente el acontecimiento económico. Un titular es algo muy corto y muy visible: sin embargo, todo lo que sucede necesita de muchos matices para ser descrito en su totalidad, para poder comprenderlo plenamente.

La exigencia de conocimiento de la información que manejamos, independientemente de nuestra especialidad, es hoy tan alta que es necesario que los medios de comunicación ejerzan una labor pedagógica. Este requerimiento ha sido recogido por la blogosfera, que por eso es utilizada como fuente habitual de información por cada vez un número mayor de personas.

Estos problemas se acrecientan de forma exponencial cuando nos referimos a los medios generalistas. En ellos, los periodistas solo tratan los temas de una manera superficial. Eso, sumado a que no comprenden realmente bien el trasfondo de los asuntos económicos, provoca en el lector no especializado una gran confusión: es muy probable que lo que entiende no se corresponda con la realidad.

Además, los medios tienen una línea editorial que distorsiona todavía más la ya de por sí deformada noticia. Si quieres interpretar correctamente los acontecimientos económicos debes huir de los grupos con una marcada línea editorial, sea cual sea esta.

En marzo de 2013, el Centro de Investigaciones Sociológicas

(CIS) realizó un estudio[1] sobre la influencia de los medios en la relevancia de los temas. El resultado no pudo ser más contundente: nueve de cada diez personas creen que los medios de comunicación influyen mucho a la hora de hacer que un tema sea importante para la sociedad. Este barómetro recogió que la información que más interesa es la económica –con un 74,5%–, seguida de la cultural, la política, la internacional y la deportiva. Lo interesante de este resultado es que precisa que se confía en la información cultural, la deportiva y la internacional, pero se suspende en confianza en lo referente a las noticias políticas y económicas, a pesar de que estas últimas sean consideradas el tipo de información más importante (al menos durante estos años de recesión). Además, en el mismo estudio los periodistas son valorados positivamente, con una nota de 6,31 puntos sobre 10.

Si tenemos en cuenta estos resultados juntos obtenemos que la información económica importa muchísimo al ciudadano, pero el lector percibe que se divulga de forma errónea, a pesar de que valora de forma positiva el trabajo de los profesionales de la comunicación. Aquí tenemos un problema grave. Pero ¿por qué? Porque los medios de comunicación son los ojos del ciudadano, que ve el mundo a través de ellos. Los medios pueden influir en casi un 90% de las personas a la hora de tomar una decisión y hacer que un asunto se convierta en importante o en irrelevante. Tienen mucha fuerza sobre las corrientes de opinión en algunos temas concretos.

Los medios de comunicación soportan una gran responsabilidad porque tienen el "monopolio de la verdad" sobre temas económicos, pero también en asuntos sociales y políticos. Son el canal a través del cual el ciudadano ve los acontecimientos que ocurren en el mundo, la lente por la que

---

[1] http://www.cis.es/cis/opencm/ES/1_encuestas/estudios/ver.jsp?estudio=13704

trata de comprender la realidad. Pero esa lente está distorsionada, y no apunta al lugar adecuado. Y eso es algo de lo que nos hemos dado cuenta y demandamos que haya un cambio. Es necesaria una labor informativa pedagógica e independiente.

Te guste o no, la información y la formación económica básicas se han convertido en una necesidad, como también lo han hecho los idiomas o las habilidades informáticas: o nos adaptamos y formamos mínimamente o seremos apartados del curso diario de la realidad. Aquí no se puede elegir. El uso del teléfono móvil, los nuevos medios de pago, la interacción y las relaciones interpersonales en las redes sociales, las obligaciones fiscales con el Estado, la información sobre futuras compras en portales de internet que están en otro idioma, la interacción diaria a través de las redes sociales y un largo etcétera, todo ello requiere una serie de habilidades implícitas que hace unos años no eran necesarias y que hoy, si no las tienes en cuenta, te dejan fuera de juego.

El Informe PISA de 2014 analizó por vez primera la competencia de los alumnos de 15 años del conjunto de países de la OCDE en las finanzas personales: lectura de una factura, conceptos como tarjeta bancaria o cuenta corriente y otros elementos básicos de esta índole. A esa edad yo no tenía ni la menor idea de ninguno de esos conceptos: no había trabajado ni tenía tarjeta de crédito, y los ahorros que tenía no los utilizaba. Todo pasaba por pedir a tus padres *la paga* el fin de semana para efectuar compras menores. Pero esas finanzas básicas del día a día sí forman parte de la vida diaria de la gran mayoría de los adolescentes de hoy en día; son consumidores de infoproductos, productos y servicios financieros. El mejor ejemplo son los *smartphones* y sus posibilidades de consumo. Todo su dinero al alcance de un clic. Este informe también llega a la conclusión de que estos alumnos se enfrentan a decisiones financieras complicadas, que requieren ciertas destrezas para poder elegir acertadamente.

No te desanimes, la historia nos ha enseñado una cosa que se repite cada cierto tiempo: cuando se juntan una crisis y la aparición de nuevos medios de producción surge un mundo nuevo, ciertas barreras caen y esto avanza.

La irrupción de internet, los nuevos medios de información y comunicación; blogs y medios digitales independientes que forman la nueva economía de información distribuida, junto con la globalización, la horizontalidad de la distribución de la información y la caída de los precios de las transacciones gracias a las nuevas tecnologías, están haciendo que los ciudadanos comiencen a ser más exigentes, tengan muchas más opciones de informarse y aparezcan organizaciones e individuos que divulgan desde la independencia.

Esto no quiere decir que todos los medios digitales sean buenos, ni mucho menos, pero en esa jungla de sitios de información *online* destacan excelentes portales bien documentados gracias al trabajo de excelentes profesionales independientes.

Prólogo

La tesis principal de este libro es la siguiente: para que comprendas la economía en tu día a día necesitas cambiar tu manera de informarte y pensar. El paradigma económico ha cambiado, y las medidas y discursos económicos ya no tienen sentido. En este punto los econblogs y nuevos medios de información te pueden ayudar a conseguir una visión personal del mundo. Nueva economía, nueva manera de informarte, nueva forma de enfocar los problemas.

Este cambio de era supone una novedad profunda para nosotros; es difícil aceptar que nuestro futuro va a ser más complejo, incierto y competitivo que las felices dos décadas anteriores, donde agotamos las certezas de un mundo económico a punto de desaparecer. El último suspiro antes de la muerte.

No lo queremos aceptar porque resulta más sencillo escudarse en un discurso fácil que proporciona certidumbre y protección, antes que enfrentarse a otro que ve la realidad tal cual es; has vivido extraordinariamente bien en un mundo previsible en la única brevísima época de la historia donde se han podido dar esas optimistas circunstancias, pero ahora los países emergentes también tienen la oportunidad de participar de la riqueza de este mundo y vas a tener que cambiar y luchar de otra forma, puesto que la evolución tecnológica y la globalización hacen que esta partida sea más grande y haya más jugadores en la actualidad.

Los discursos económicos que vemos y leemos todos los días, del tipo "más austeridad" contra "más gasto público", en lo que parece un cuadrilátero de *pressing-catch*, carecen de sentido. El problema es otro y hasta que no te des cuenta vas a estar dándote cabezazos contra la pared sin entender de qué va el asunto real.

Como dice Fernando Trías de Bes en el prólogo de su libro *El gran cambio*[2]:

> *"Soy economista, pero creo que se puede paliar más la situación inspirándonos en Darwin que en Keynes o Friedman. Si observamos el problema desde una perspectiva evolutiva, el debate entre austeridad o gasto queda en entredicho. Ese no es el problema, no es la cuestión esencial. Ni austeridad ni gasto van a*

---

[2]Fernando Trías de Bes. *El gran cambio*. Temas de Hoy, 2013. Barcelona.

impedir las consecuencias del gran cambio que estamos viviendo. Nos ha tocado, para bien o para mal, protagonizar en primera persona un episodio de 'destrucción creativa'. Las soluciones no pueden ser meramente de corte político y económico porque asistimos a una destrucción inevitable".

Esto quiere decir que problemas como el endeudamiento de países, empresas y familias, el déficit, el alto paro o la precariedad laboral no son la raíz del problema, sino una consecuencia. Estos problemas se deben solucionar atacando a la verdadera raíz, que es otra, la que hemos apuntado: un nuevo paradigma económico que requiere otro enfoque y soluciones diferentes. Esta nueva economía es consecuencia de un proceso evolutivo. El sistema anterior está siendo superado, como ocurre cada cierto tiempo: aparecen nuevos actores, nuevas tecnologías... una nueva energía procedente de la destrucción creativa del sistema anterior. Inevitable el cambio, pero evitables sus consecuencias negativas si se hace correctamente.

En los años 90 se comenzó a utilizar internet como canal de comunicación y las empresas pensaron que era otro canal más y no iba a pasar nada. Sin embargo, cambió para siempre el concepto de marketing, dejando obsoleto todo lo anterior. Cuando apareció el comercio electrónico con eBay y Amazon a finales de esa década y se comenzó a extender a principios de los 2000, las empresas volvieron a pensar que era otro escaparate, otro canal más, pero la realidad es que han revolucionado la forma de venta y la logística, dejando herida de muerte la venta clásica física en muchos sectores. Con la aparición y uso de los *smartphones* pasó algo parecido: pensábamos que iban a ser como un ordenador pequeño o un móvil con imágenes y sonidos, pero al final han desaparecido de nuestra vida las cámaras digitales, los despertadores, los mp3, los navegadores, las guías de viaje y, en un futuro próximo, las tarjetas de crédito, entre otros.

En la última década ha pasado lo mismo con la economía colaborativa y las redes sociales, nuevos medios de comunicación que permiten compartir una propiedad para disfrutar de su uso. Nuevamente grandes sectores como el de la hostelería, los transportes o el financiero ven peligrar su modelo de negocio. En los próximos años veremos esta evolución de forma acelerada. Es parte del cambio de paradigma económico que nos toca vivir.

Así que cuando veas un libro, un periódico o a un tertuliano hablar de la fiscalidad, el mercado de trabajo, la política europea, el gasto público, la austeridad, y la política monetaria del Banco Central Europeo, debes saber que no te están explicando el problema. Solo unas consecuencias que no te van a llevar a establecer una visión correcta de la realidad.

Este libro trata de mostrarte algunas herramientas para que lo consigas por tu cuenta. No se trata de un libro de recetas, ni de descripciones concretas sobre teorías, puesto que estaríamos incurriendo el mismo error. Es un tratado donde se abordan los problemas de la interpretación de la economía, de esta nueva economía, y se explica qué medios de información puedes utilizar para construir tu visión de la realidad a partir de esa base.

El título del libro es una llamada de atención. La nueva economía necesita de nuevos lugares de información independientes al alcance de cualquier persona que quiera o necesite esos datos. Los blogs de economía son un lugar ideal para ello, aunque no la única fuente. Está la forma estética y funcional de un blog; una persona que escribe artículos o *posts* sobre un tema económico, y están los lugares que siguen la filosofía de los blogs pero no son blogs en sentido estricto, como son los repositorios de *papers* y estudios, webs de varios autores o publicaciones periódicas bajo suscripción.

Econblog es una palabra inglesa que no es muy conocida entre el público de habla hispana. Es una mezcla entre *economic* y *blog*. La lengua inglesa tiene esa facilidad para inventar palabras cortas que ilustran muy bien el significado de una idea. En lengua española son "blogs de economía".

Los econblogs son el máximo exponente de lo que significa esta nueva economía en cuanto a lugar de información adaptado a ella, que está evolucionando con la misma y que, por tanto, nos puede ofrecer soluciones adecuadas a cada uno de nosotros, ajustándose a nuestras circunstancias.

El desarrollo y éxito de los blogs está ligado de forma intrínseca al desarrollo de la Red, internet, y las nuevas tecnologías informativas. ¿Cuáles son las razones de esta transformación simbiótica?

Inquietud

En el verano de 2006 me propuse intentar comprender en qué consistía la economía, de dónde procedían las teorías que había aprendido en la universidad, y conectarlo con los acontecimientos que se relataban en los medios de comunicación.

Estaba completamente perdido.

Todo vino a colación de una conversación en la que alguien me intentaba convencer de que la economía venía de las matemáticas y la estadística. Sabía que esa afirmación era errónea, pero no tenía capacidad para construir un argumento en contra.

Ese fue el pistoletazo de salida de mi lectura incansable de "lo económico" y dio lugar a un pequeño libro auto publicado en 2008, que fue la semilla de mi primer libro oficial, *Despierta: Una visión indie de la economía*[3], publicado en 2013.

Sin embargo, el trayecto fue muy complejo. En aquella época no había libros de economía en las librerías, como máximo se encontraba un anaquel de una estantería en las grandes superficies, y además se trataba de libros académicos que no aportaban nada nuevo. Aburridos, ortodoxos, técnicos.

Además, en la Red no encontraba nada. No había literatura o publicaciones en castellano y los grandes blogs anglosajones sobre economía, los econblogs, todavía no habían aparecido, o permanecían escondidos para el gran público.

Hoy las librerías están llenas de *bestsellers* sobre economía, la producción es inmensa. Además, una gran cantidad de ellos son muy buenos. Ofrecen puntos de vista muy diversos, y sus reflexiones se mezclan con sociología, historia, antropología, finanzas o psicología.

Por su parte, la oferta de blogs con publicaciones buenas es enorme. El nivel y frecuencia de lo publicado es tan alto que se necesita tiempo para hacerse con un grupo de buenos *sites* donde acudir de manera recurrente evitando el ruido.

Todo esto se lo debemos a la crisis económica y financiera que comenzó en la segunda mitad de 2007, cuando yo me encontraba en fase de "comprender esto" y "unificarlo para tener una visión global".

La crisis provocó una gran destrucción creativa en todos los sectores económicos y profesionales. Antes o después, todos los ámbitos fueron cayendo y eso nos ha obligado a formarnos y reciclarnos para avanzar.

---

[3] *Despierta: Una visión indie de la economía*. Jorge Segura Romano. 2013. Tudela.

La destrucción creativa es posiblemente el elemento más importante de toda la evolución y progresos asociados al ser humano. La destrucción lleva asociado el cambio, y el cambio la evolución que incorpora el progreso. Desde el descubrimiento del fuego, la especialización, la escritura, las ciudades o la empresa moderna, hemos estado siempre destruyendo para crear o creando en base a una destrucción necesaria.

La destrucción creativa de esta crisis ha tocado a los cimientos del propio sistema. El final de un sistema o paradigma, ese último suspiro que termina para dar paso a otro nuevo y desconocido.

Por esta razón dicha destrucción ha conllevado una revisión del propio conocimiento, sobre muchas áreas del mismo, pero más que ninguna sobre la economía. Se trata de un acto de autoconciencia, de revisión, ante la nueva creación.

Como el niño de seis meses que observa cómo se mueve su mano, o el homínido de *2001: Una odisea del espacio*, asistimos a una nueva producción de información sobre economía como nunca antes habíamos visto, en el tránsito a la entrada en otra época, otro sistema, otra realidad.

En este espacio transitorio entre la gran producción informativa y el nuevo paradigma surge un problema: todo se vuelve más complejo y caótico y es muy difícil formarse un juicio personal sobre lo que está sucediendo de verdad en la realidad.

En un mismo día podemos recibir cientos de mensajes contradictorios en la televisión, el periódico, la radio, el entorno laboral y el bar donde hablamos con los amigos.

¿Quién está en lo cierto?, ¿cómo interpretar tantos titulares recortados con información tan poco comparable?, ¿dónde está la medida?, ¿dónde acudo?

Los titulares llevan un sesgo implícito. Por un lado está la línea editorial. Por otro los clientes principales del medio, que suelen ser actores importantes de la economía. Y por último hay que tener en cuenta el sesgo del que escribe, que no tiene por qué ser un experto en la materia.

Así, en el periódico el mismo día te puedes encontrar artículos completamente contradictorios entre sí, titulares imposibles de entender y una mezcla heterogénea de áreas de la economía diferentes metidas en la misma túrmix de la causa-efecto simple.

Se da una paradoja; es la época con la mejor, más abundante, rica y elaborada información sobre economía, pero a la vez se ha generado un caos interpretativo que nos impide ver lo que hay enfrente. Si antes andábamos a ciegas, ahora la corriente nos arrastra adonde quiere.

Ante esto la única alternativa es crear una visión personal, un juicio crítico propio. Pero para ello es necesario tener los elementos adecuados al alcance de la mano para acudir a ellos y reflexionar. Necesitamos unos lugares de información adecuados, rigurosos y acordes a nuestra visión del mundo.

Para crear esa visión personal es necesario conocer el contexto, y para conocer el contexto necesitamos un marco interpretativo.

Esta es la herramienta más potente de una persona en el mundo global. Es la única manera de no ser llevado por la corriente, una corriente informativa viciada.

Aquí es donde entran la Red y sus lugares de consulta y consumo intelectual: los blogs y las webs independientes.

¿Por qué debemos acudir aquí y no a los medios tradicionales?

Los medios tradicionales y los nuevos medios independientes no son excluyentes. Como veremos luego, los primeros se utilizan para conocer la noticia y los segundos para encontrar una opinión o solución personal.

Existen al menos seis elementos que hacen de la Red un espacio idóneo para comenzar a construir una visión personal, un contexto y un marco interpretativo:

1. *Neutralidad de la Red.* Internet se basa en protocolos de comunicación, que fueron creados para que la información se transmita de forma libre y abierta y para que nadie dicte lo que se publica y lo que no, sino que sean las personas las que elijan qué es lo relevante.

2. *Definición de lo relevante.* A partir de la aparición de Google, se han establecido métricas para ordenar que es lo relevante. Con el paso del tiempo los algoritmos se van mejorando y la información mostrada en una búsqueda suele ser relevante para el lector.

3. *Sistema de recomendaciones.* Esto ha permitido que los productos, ideas y servicios más valorados por los consumidores sean los que mejor se posicionen y los que tienen más posibilidades de ser relevantes. Esto es muy importante en la economía del conocimiento, donde la información es el recurso escaso. Como veremos en las siguientes páginas, esto ha tenido una importancia vital en la generación de investigación académica y paraacadémica.

4. *Capacidad de atender la demanda marginal.* Es lo que se ha venido a llamar la economía *long tail.* Antes solo tenía sentido generar productos que tuvieran una cierta demanda, lo marginal no tenía cabida. Sin embargo, a partir de la reducción de costes de internet, bajas barreras de entrada y escalabilidad, cualquier demanda, por pequeña que sea, puede ser atendida. De manera que esa demanda marginal, sumada a otras demandas marginales, tiene capacidad de "agregar demandas" y ser más rentable y eficiente que acudir a nichos grandes donde existe gran competencia. Esta capacidad de atender la demanda marginal ha hecho que

aparezcan multitud de micronichos de superespecialización. En el ámbito de la producción de información económica y financiera esto ha sido crucial para hacer salir a la luz nuevos medios y profesionales hiperespecializados en aspectos antes no tratados ni explicados al gran público.

5. *Democratización de acceso a la información.* De pago o gratuita, ahora podemos acceder a cualquier publicación en cualquier parte del mundo por un coste mínimo. La oferta es infinita y la comodidad máxima. Lo difícil es discernir qué información es la buena y cuál nos interesa para nuestro propósito. La posibilidad se ha abierto para siempre y disfrutamos de su poder.

6. *Producción multidireccional.* Hasta la aparición de la web 2.0. uno escribía y el resto leíamos. No había interacción. El punto de partida de este cambio asombroso fue la adquisición en el año 2003 de una *start up* por parte de Google, que tenía la plataforma de autopublicación Blogger. Por primera vez era sencillísimo publicar, solo había que darle a un botón. Cualquiera podía publicar e informar. Aquello provocó una explosión de medios de publicación en la web. Somos consumidores y creadores de información (en nuestro caso económica).

Estos han sido los pilares que nos han dado la oportunidad de poder construir una visión personal de la economía con cierta facilidad. No en el sentido de que sea fácil, sino que ahora cualquier persona, si quiere, puede acceder a ello. Antes no, porque tenías que acudir a un conocimiento restringido, difícil, y la información no fluía como ahora.

El reto es establecer las pautas para que puedas funcionar a partir de ellas. Un "*home made* informativo" de calidad y un marco interpretativo que alimenten tu visión para que puedas interpretar correctamente la energía económica diaria sin volverte loco.

Para ello he dividido el libro en tres partes.

En la primera explico de forma sucinta lo verdaderamente importante de la economía y la manera de pensar y reflexionar sobre ella. Contextualizo en qué economía estamos y hacia la que vamos, partiendo de dónde venimos para aportar perspectiva y poder desarrollar un marco interpretativo adecuado. Veremos algunos de los temas que más nos afectan, como la concepción del trabajo, el crecimiento y el nuevo paradigma económico. Esta primera parte nos servirá para poder comprender plenamente la siguiente.

En esa segunda hablo de los medios, la dificultad de elaborar información económica útil, y los nuevos lugares a los que deberías acudir; los econblogs y *sites* independientes. Aquí veremos por qué ha sido una revolución y cómo ha mejorado la comunicación; su impacto, la relación con la innovación creativa, la repercusión para los investigadores y la propia disciplina. Veremos por qué resulta tan difícil tener una visión clara de los acontecimientos económicos y por qué la blogosfera se ha convertido en el gran medio de información adecuada para lograr nuestro objetivo: tener una visión clara y personal que nos guíe y nos permita reflexionar y tomar buenas decisiones en el ámbito económico.

En la tercera y última parte doy una selección de los 90 mejores *sites* en base a un modelo de selección que sigue criterios objetivos y criterios subjetivos. Es una selección de partida para que los configures como a ti te interese y para que puedas integrarlos en tu canal de información personalizado. En ese instante podrás ir conociendo el contexto y construyendo tu marco interpretativo. Esto y tu experiencia personal harán que tengas una visión del mundo económico única, intransferible y universal.

A partir de ese momento construirás tu conocimiento sobre las áreas que te interesen y será muy difícil que seas arrastrado por la marejada informativa que vive en la esquizofrenia de la rapidez.

PERSPECTIVA

Relevo

El economista Luis Garicano cuenta en su libro *El dilema de España*[4] una anécdota que se convierte en la metáfora de lo que significa la economía del conocimiento y sus implicaciones en el trabajo.

En 2008, Nate Silver, un desconocido blogger estadounidense especializado en estadísticas sobre béisbol, hizo unas predicciones en su blog sobre los resultados de las elecciones americanas que se iban a celebrar, donde predecía en contra de todo el *mainstream media*, una victoria clara de Barack Obama.

El resto de la prensa, sobre todo la de inclinación republicana, se dedicó a lincharlo, pero él respondía con argumentos matemáticos. Simplemente confiaba en los datos y explicaba sus cálculos.

Al final todas las casas de predicción se equivocaron, los periódicos hicieron el ridículo y Silver predijo correctamente el resultado de las elecciones en 48 de los 50 estados. En las siguientes elecciones haría pleno de acierto en los 50.

Entre 2010 y 2013[5] tuvo una de las tribunas más leídas en *The*

---

[4] *El dilema de España*. Luis Garicano. Editorial Península. 2014. Barcelona.
[5] Desde julio de 2013 es propiedad del grupo de comunicación ESPN.

New York Times y ha publicado un *bestseller* sobre la interpretación de datos.

En la economía del conocimiento tiene razón el que sabe interpretar la información de forma razonada, cuenta con capacidad para expresarlo y se basa en hechos. Ya no hay cabida para los dinosaurios de la opinión, los sermones ya no valen, aunque trabajes en el medio más prestigioso del planeta.

Un ordenador de 500 euros, conexión a internet y una mesa con una silla. Solo hace falta eso y tener la capacidad de redactar un argumento con claridad y convicción, tanto a nivel de razonamiento como de gramática, respaldados siempre por un conocimiento validado.

Aquí entra en juego otro elemento: la educación, que debe ser radicalmente diferente, algo a lo que haré alusión al final de este capítulo.

El desarrollo tecnológico, la Red, las telecomunicaciones y el acceso libre a la información han conllevado una bajada de las barreras de entrada casi total y multiplicado exponencialmente la escalabilidad de casi cualquier producto o servicio. Esto ha conllevado que a las estructuras de poder tradicionales les cueste cada vez más mantener ese poder y surjan nuevos actores de la nada.

Es lo que vemos con los blogs y ediciones digitales independientes, que restan cuota de mercado a periódicos poderosos; las redes sociales que quitan negocio a las cadenas de televisión, y las productoras de cine, o nuevas religiones a la carta, que desplazan a los grandes monoteísmos. El poder es más fácil de obtener, más difícil de utilizar y mucho más sencillo de perder. Esta dilución del poder asociado al *statu quo* que poseen los grandes actores, un poder masivo y coercitivo, cada vez es más difícil de mantener. Y tal proceso de cambio está transformando el mundo, nuestras vidas, nuestro trabajo, la educación, nuestro futuro.

Hasta lo hemos podido ver en la última Eurocopa, con selecciones que antes ni se clasificaban y ahora llegan a cuartos de final y semifinales.

La economía es global y sus lugares de producción y consumo están deslocalizados. Esta relación paradójica y simbiótica–lo global y lo local– hace que los análisis tradicionales sobre lo que se debe hacer en la economía queden obsoletos. El economista Joel Mokyr, uno de los mayores expertos en innovación e historia económica, dice que muchos de los indicadores económicos actuales de medición entre los economistas no funcionan porque son de "una economía de acero y trigo"[6]. Seguimos leyendo soluciones de la economía industrial del siglo pasado, pero la base del problema es que estamos en otro paradigma de funcionamiento y gran parte de las medidas económicas y de lo que lees se basa en recetas para una economía que ha dejado de existir. Por lo tanto, es imposible que funcionen.

Esta es una premisa fundamental para que puedas optar a crear tu propia visión de la realidad económica sin riesgo a entrar en grandes conflictos de veracidad. A veces resulta difícil saber qué es exactamente lo real; sobre todo, es difícil saber si se está en lo correcto. La interpretación de los hechos conlleva una proyección personal que es subjetiva. Cuando interpretamos un hecho estamos aportando significado, esa proyección de significado es una de las cosas que hace únicos a los humanos, de ahí la fuerza e importancia de los mitos y las metáforas para poder explicar la compleja realidad que nos rodea, en la que estamos insertados, la que creamos.

El mundo que ves y sobre el que realizas juicios, necesarios

---

[6] *What Today's Economic Gloomsayers Are Missing, The Wall Street Journal*, 8 de agosto de 2014. Nueva York.

para tomar decisiones, es una mezcla de un mundo externo y un mundo interno proyectado.

Por esta razón son tan importantes disciplinas como la psicología, la sociología y la historia. Las grandes empresas llevan años aplicando la tecnología y el procesamiento de datos para tomar mejores decisiones y seguir siendo competitivas. Las compañías pequeñas, incluso los negocios unipersonales y *startups* con presencia en internet lo están adoptando poco a poco, gracias a la bajada de costes de obtención de información y las posibilidades de analizarla que deja el tráfico en la Red.

En ese *big data* se esconden los patrones de conducta de consumo de cada uno de nosotros. En otras palabras, se esconden más allá de nuestra condición económica, nuestra psicología y comportamiento social. El *business intelligence* es eso: estudiar los patrones de comportamiento de las personas.

Ya no es una economía de "o compras helados o plátanos", que es la que se enseña en las universidades, la que leemos en los manuales de economía y en las tribunas de opinión de los *expertos*. Tampoco se trata de una economía de "subimos o bajamos impuestos y creamos 500.000 puestos de trabajo", porque esos modelos de oferta y demanda ya no responden a la realidad. Ni siquiera es una economía de "bajamos los tipos de interés, inyectamos dinero y aumenta el PIB", porque esos estímulos ya no funcionan, esa economía ya no existe.

Por estas y otras razones estarás confundido si te subes al torrente informativo, a los tertulianos, a los *mass media* tradicionales y a muchos de los libros que ves en las estanterías de las librerías. Por eso los debates entre "liberalismo vs. keynesianismo", "políticas proteccionistas vs. políticas aperturistas", "economía de mercado vs. economía central", "empresarios vs. sindicatos", "política monetaria vs. política fiscal" y un largo etcétera no tienen ningún sentido. Son discusiones sin sentido que solo llenarán de ruido tu cabeza.

Es parte de El Negocio. Ese mundo interrelacionado entre poder financiero, poder político, medios de información y poder burocrático.

Para interpretar correctamente o acercarte a la realidad, debes ver El Negocio desde lejos. Desde la barrera.

A partir de ese momento nadie ni nada podrá modificar tu análisis personal y tu reflexión crítica sobre cualquier tema económico. Aunque estés equivocado, cosa que te pasará a menudo. Pero en el momento de ser consciente de esa situación equívoca tendrás la capacidad de asumirla y modificar tu razonamiento para mejorar tu comprensión. Adaptación y flexibilidad son otros de los rasgos inherentes y exigidos en esta nueva economía del conocimiento.

¿Por qué este cambio tan brusco? Vamos a hacer un pequeño ejercicio de perspectiva.

Nuestros abuelos

De vez en cuando me gusta leer textos *clásicos* en el papel amarillento del libro físico con todas las pantallas apagadas; te vuelven a resituar en el espacio y el tiempo en el que vives, y lo ves todo desde una nueva y más acertada perspectiva. El impacto masivo de imágenes, textos y, en definitiva, estímulos de la Red acaba por estrangularte en la velocidad y lo inmediato. En consecuencia, pierdes la perspectiva. Eso es algo en lo que las pantallas nunca podrán sustituir a los libros: la profundidad, el tempo y la reflexión. Aquellos te informan y estos te transforman, aunque sea por un par de horas.

Me gustaría comenzar con la siguiente afirmación de Fernand Braudel, que aparece justo al final de su libro *La dinámica del capitalismo,*[7] y que para mí resume la esencia de la economía y su disciplina:

"La historia es el cuento del nunca acabar, siempre está haciéndose, superándose. Su destino no es otro que el de todas las ciencias humanas. No creo, por lo tanto, que los libros de historia que escribimos sean válidos durante decenios y decenios. No hay ningún libro escrito de una vez por todas, como ya sabemos".

Para mí, esta es la esencia de la economía, algo en constante construcción. Evoluciona, muta, muere algo dentro de ella y vuelve a nacer en formas e interacciones más complejas que las anteriores, imprevisibles, y los economistas solo podemos adaptarnos a su realidad cambiante proponiendo nuevas explicaciones desde diferentes disciplinas y con la apertura necesaria. De manera que:

La economía es el cuento del nunca acabar, siempre está haciéndose, superándose. Su destino no es otro que el de todas las ciencias humanas. No creo, por lo tanto, que los libros de economía que escribimos sean válidos durante decenios y decenios. No hay ningún libro escrito de una vez por todas, como ya sabemos.

---

[7] *La dinámica del capitalismo.* Fernand Braudel. Fondo de Cultura Económica. Madrid. Última edición de 2006.
Es un librito pequeño de 130 páginas y tamaño cuartilla que te puedes leer en una tarde. Me produce sosiego, tranquilidad y cierto tipo de alegría. Está basado en unas conferencias que dio el autor en el año 1977 en la Universidad de Johns Hopkins sobre el libro de tres tomos en el que estaba trabajando y que se considera un texto canónico de historia económica (si es que existen textos canónicos en esta ciencia apócrifa), *Civilización material, economía y capitalismo,* a la que dedicó casi tres décadas de su vida y que finalmente publicó en 1979 en tres grandes tomos. Francia ha tenido a los mejores historiadores.

La vida material y la vida económica

La historia económica no es la historia noble, aquella que nos habla de conceptos eternos, de principios inmutables o luchas internas, y por eso genera una serie de prejuicios, pero "es la historia íntegra de los hombres contemplada desde cierto punto de vista". Es la historia de los grandes acontecimientos, de la coyuntura y de la crisis y "finalmente historia masiva y estructural que evoluciona lentamente a lo largo de lentos periodos de tiempo"[8]. La *vida material* es el conjunto de elementos materiales que la humanidad ha incorporado hasta lo más profundo y procedente de su historia anterior, pertenece a lo profundo de la psique humana, a la costumbre, a lo inconsciente o semiconsciente. Se trata de necesidades que pueden ser puramente superficiales pero que guían los actos de nuestras vidas sin que seamos muy conscientes de ello. En la época preindustrial existían dos mundos diferentes, el de los campesinos, que vivían de forma autónoma y autárquica, donde los progresos se daban solo de forma muy lenta a lo largo de los siglos, y el comercio entre ciudades, un capitalismo naciente que conformaba lo que iba a ser la *vida económica*. Para nosotros diferenciar esas dos vidas es complicado porque las tenemos integradas

La historia del hombre es la historia de los flujos y reflujos de población, esta iba aumentando hasta que una epidemia, un cataclismo o una guerra la mermaban y durante las décadas siguientes iba recuperándose poco a poco hasta que sucedía lo mismo. Este mecanismo natural de equilibrio funcionó hasta el siglo XVIII, cuando se rompió esta frontera. Desde entonces, la población no hace sino crecer y crecer. Las ciudades

---

[8] Uno de los elementos increíbles de Braudel es que plantea la explicación de la historia económica al revés que todos los historiadores; parte de lo cotidiano para explicar estructuras, ideas y hechos mucho más complejos y que posteriormente nos llevan a comprender la evolución de los acontecimientos.

aumentaron su tamaño y número de habitantes de forma espectacular, a pesar de las enfermedades, la mortalidad infantil y la falta de higiene, y los campesinos de las aldeas comenzaron a desplazarse a estas ciudades para vender sus productos y para quedarse allí. Estos intercambios y concentración de población en las ciudades conllevaron concentración económica y esta, a su vez, trajo consigo la concentración de medios técnicos y la especialización.

Entre el siglo XV y finales del XVIII se trataba todavía de una economía de intercambio muy rudimentaria, *llena de imperfecciones*. Era la economía que se había venido practicando desde *la noche de los tiempos*, muy estancada e ineficaz debido a que no toda la producción se encontraba dirigida a la demanda, pues la mayor parte se perdía en el autoconsumo de las familias en el campo.

Ese mercado todavía inexistente de demanda necesitará de tiempo para desarrollarse. Es aquí donde *surgió* la economía de mercado, entre ciudades y aldeas, llevada a cabo por comerciantes y que permitió comenzar a organizar producción en el medio rural y sacar la vida material al mercado para siempre. El artesano que iba a la ciudad y ofertaba sus servicios y el campesino que ofrecía sus productos ya estaban dentro de la vida económica, ambos formarán parte del mercado.

Economía de mercado

La vida material es aquella en la que todavía vivían amplias zonas en Europa hasta el siglo XVII, en el basto mundo de lo rutinario, lo cotidiano, lo autárquico. Como contraposición a ella está la vida económica, que ya asomaba a principios del siglo XV pero que todavía estaba en fase embrionaria. Una persona podía estar a un lado o a otro dependiendo de su actividad. Si en lugar de llamarse vida material la llamamos vida no económica tal vez nos aclaremos un poco más.

La economía de mercado es el lugar donde se da la vida económica. En una primera fase y a escala menor los buhoneros o vendedores ambulantes y posteriormente las tiendas como lugar permanente, configuraban esa economía denominada "de mercado". En un nivel superior se situaban las bolsas y ferias, las primeras a mitad del siglo XV en las ciudades italianas (esto comenzó a desarrollarse con cierto nivel y envergadura en las ciudades italianas como Venecia en la Baja Edad Media). A partir de 1450 la vida económica de Occidente experimentó un resurgir sin precedentes y sin vuelta atrás que lo cambiaría todo para siempre. Los precios industriales subían mientras que los agrícolas se estancaban y bajaban. Esto, unido al aumento de población del que hablábamos antes, hizo que las ciudades fueran las protagonistas de este resurgir. Y en sus núcleos, las bolsas, ferias y tiendas se convirtieron en los artífices del cambio. Este resurgir y evolución entre los siglos XV y XVIII se fundamentó en la nueva vida económica.

Tras el descubrimiento de América, los intercambios se realizan tanto en Europa como al otro lado del Atlántico. Con la llegada de ingentes cantidades de metales preciosos del sur de América las bolsas se hicieron grandes, trasatlánticas y se generó una superestructura económica hasta entonces desconocida. Mercancías, crédito y dinero se daban cita en nuevas plazas como las bolsas de Amberes, Lyon o Frankfurt.

En el siglo XVII la bolsa de Ámsterdam se abrió paso por encima de las ciudades italianas; una nueva forma de vida económica aceleró los procesos de la actividad diaria, personalizados en la aparición masiva de tiendas en detrimento del mercado como lugar permanente de comercio y la aparición de bolsas de intercambio de valores en sustitución de las ferias, ya que estas obedecían al intercambio tradicional y aquellas daban la posibilidad de acceder a créditos y compras futuras a precios establecidos de antemano.. Londres y París seguirían la estela de Ámsterdam, sin olvidarnos de Ginebra y Génova.

Este desarrollo posterior no se llevó a cabo a tal escala en los otros lugares como Japón, Turquía, India, Indonesia, Filipinas o Malasia, donde existían ferias, bolsas y mercados desarrollados. En un lugar inferior se situaría China, que se quedó con el intercambio tradicional de los cantones. Este periodo de consumo e intercambios crecientes fue retroalimentado por los mercados y tiendas, que bastante antes del siglo XVIII ven aparecer el *private market* y el *public market*. El *private market* es lo que hoy se conoce como mercado de futuros: compras anticipadas de materias primas a campesinos, algo ya desarrollado siglos atrás en Japón. El *private market* también hace referencia a las grandes cadenas comerciales que se organizaban para ser más competitivas y estaban fuera del control de las autoridades del mercado clásico o *public market*.

Aquí ya se ve que la superioridad económica y mayor crecimiento se deben a que en Europa se dispone de instituciones, instrumentos financieros como el crédito y lugares abiertos para hacer transacciones libremente, como las bolsas. Esto es un *básico* del funcionamiento de la economía que hoy permanece igual. Las formas y materializaciones cambian, pero los fundamentos continúan siendo los mismos.

Nuestros padres

Del capitalismo preindustrial a la economía del conocimiento

Podemos comenzar describiendo los elementos clásicos de le economía industrial y la definición de capitalismo; medios de producción, capital, mano de obra, organizaciones, economía de mercado y un largo etcétera. Sin embargo, eso no nos aporta nada de claridad y, además no podemos tener una línea de conexión que sea sencilla y nos explique cómo hemos llegado a donde estamos ahora.

Dar una explicación única sobre un cambio histórico, sobre un avance, es la mayor tontería, porque tal cosa no existe. Los cambios radicales y transformaciones del conjunto de la economía, y la sociedad que soporta, vienen siempre de múltiples factores independientes que la hacen posible en un determinado momento de explosión y despertar.

Lo que sí podemos hacer es encontrar una explicación desde una perspectiva particular. Una perspectiva que nos explique desde nuestra óptica y abarque el mayor significado en su conjunto.

La de este libro es la perspectiva del conocimiento.

La transformación radical de la economía y la sociedad, sus consecuencias directas para nosotros y nuestro bienestar, se debe a un giro copernicano en la forma de entender el conocimiento y sus aplicaciones, más allá de la metafísica y el pensamiento abstracto.

Hasta mediados del siglo XVIII el conocimiento era considerado como una disciplina asociada al "ser" y no al "hacer". En unas pocas décadas pasó del "ser" al "hacer" y el conocimiento se convirtió en el recurso esencial del capitalismo.

Esta es la esencia de nuestra economía, de su evolución, de cómo hemos pasado de sufrir hambre en la tiranía de una cabaña mugrienta en el campo de un señor feudal a dirigir nuestras vidas con una calidad que no tenían ni los emperadores de entonces en el plazo de tan solo dos siglos.

Desde esta perspectiva podemos dividir la evolución de la economía moderna en cuatro etapas secuenciales[9]:

1ª Etapa (1750-1880). El conocimiento se empezó a aplicar a herramientas, procesos y productos. Revolución Industrial.

2ª Etapa (1880-1945). El conocimiento se empezó a aplicar al (puesto de) trabajo. Revolución de la productividad.

3ª Etapa (1945-2000). Se empieza a gestionar el conocimiento de forma científica. El recurso más valioso es el conocimiento aplicado, por encima de capital y mano de obra. Revolución de la gestión.

4ª Etapa (2000-hoy). La sociedad-red de economía distribuida. La comunicación y velocidad hacen que el conocimiento se desarrolle y mueva en redes descentralizadas y distribuidas sin importar lugar y estructura. El recurso más valioso es el talento individual y la aplicación de las ideas, de forma eficiente y en el mercado global. Revolución de las redes. El elemento crítico de este cambio radical es la nueva forma de entender el conocimiento y aplicarlo. Es el elemento que también está provocando cambios radicales en la economía de hoy, afectando nuestras vidas no solo desde un punto de vista económico, sino social, cultural y existencial en general. Estamos inmersos en un cambio de paradigma cuyo elemento crítico es la generación y aplicación de

---

[9] Para las tres primeras etapas me baso en lo expuesto en el libro *La sociedad postcapitalista,* de Peter F. Drucker. 1993. Ediciones Apostrofe.

conocimiento. Ello provoca incertidumbre, y la forma de abordarla también debe ser diferente.

Capitalismo [industrial]

El capitalismo en su acepción tradicional, como paradigma económico y sus posibilidades, ha existido en otras épocas. Los adelantos tecnológicos y la disposición de recursos con avances en los vehículos financieros han existido en otras épocas. Sin embargo, lo que no se había dado hasta mitad del siglo XVIII, con el inicio de la Revolución Industrial, es la rapidez y alcance con que este sistema se extendió en todo Occidente, primero en Europa y luego en el resto de zonas, donde se adoptó de forma rápida.

El capitalismo que surgió transformó toda la sociedad y se propagó rápidamente, afectando a la propia de visión de los acontecimientos de sus individuos. Este es un hecho sobre el que volveremos más adelante, pues pasa algo parecido ahora con el nuevo paradigma económico, y tenemos la necesidad de acudir a fuentes o guías que nos permitan tener una visión de los acontecimientos en nuestro día a día.

Es una palabra ambigua pero cargada de fuerza, que suscita controversias, significados de todo tipo –no meramente económicos– y sentimientos encontrados. La economía de mercado surgió de la vida material de las personas a partir del siglo XV, tres siglos después comenzaba a asomar la cabeza una nueva clase de economía de intercambio a nivel global, no solo dentro de la propia Europa o con Oriente Próximo a través del Mediterráneo.

El término capitalismo en su acepción moderna apareció por primera vez en 1901 en la obra del sociólogo alemán Werner

Sombart titulada *El capitalismo moderno*[10]. Fue un término ignorado por Marx y todos sus antecesores, debido a que el capitalismo como tal no se dio hasta los años 1830 o 1840, cuando se comenzaron a notar los efectos de la Revolución Industrial. Es por tanto un fenómeno reciente de la historia económica, que, sin embargo, supuso "el mayor conjunto de transformaciones económicas, tecnológicas y sociales de la historia de la humanidad desde el Neolítico"[11].

La transición del viejo sistema feudal –como organización de la sociedad– al sistema capitalista tiene diferentes rangos temporales dependiendo de las zonas geográficas, pero sus primeras manifestaciones surgen en el siglo XIII en las ciudades italianas. El intercambio y el comercio existen desde el nacimiento de la civilización, los romanos, fenicios y asirios ya comerciaban dentro del Mediterráneo siglos antes del año cero. Pero esas formas de comercio carecían de la característica fundamental del moderno capitalismo que comenzaría a surgir en Inglaterra en el siglo XVIII: la intensidad en capital.

Si sumamos a las ferias, mercados, tiendas y bolsas europeas el descubrimiento de América, con la apertura de las vías de comercio internacionales y recursos procedentes de las nuevas latitudes conquistadas, más la abolición de las leyes por las que se mantenía en la pobreza extrema a las clases rurales en Inglaterra con su consecuente éxodo a las grandes urbes, tenemos el inicio inevitable de una forma de vida económica que aun en nuestros días podemos experimentar cuando abandonamos el pueblo de nuestros padres para emigrar a la (gran) ciudad en busca de oportunidades laborales, ya sea en nuestro país o en el extranjero.

---

[10] *Der moderne Kapitalismus. Sombart, Werner (1902-1916).*
[11] McCloskey, Deidre (2004). Roderick Floud y Paul Johnson, ed. *Review of The Cambridge Economic History of Modern Britain.* Times Higher Education Supplement.

Este tránsito del sistema feudal al incipiente capitalismo, que podemos denominar "industrial", estuvo marcado por un capitalismo de Estado en los diferentes reinos; una nueva forma de perpetrar el poder de los señores feudales, esta vez asociados con los grandes mercantes. La vieja nobleza daba paso a la joven burguesía nacida del gran comercio. Sin embargo, estas empresas estatales fueron derrumbándose en favor de las nuevas sociedades anónimas en manos privadas. La prohibición de la *Poor Laws* en Inglaterra en 1834 –por las que se mantenía en la pobreza a los campesinos con caridad– obligó a toda esa masa de gente a trasladarse a la gran urbe, sobre todo a Londres, y a sus suburbios para ganarse su sustento. Tres años después, Charles Dickens publicó *Oliver Twist*[12] entre 1837 y 1839, novela que nos cuenta este éxodo.

Esta intensidad de mano de obra junto con la intensidad de los nuevos procesos de producción (un pequeñito telar particular aumentaba la producción un campesino entre 40 y 50 veces), unidos a la apertura a un mercado internacional transatlántico, propiciaron lo que se conoce como la Revolución Industrial y el sistema económico que la hizo posible en el tiempo, capitalismo o sistema capitalista.

El capitalismo que tenemos todavía en la mente es este capitalismo industrial en versión moderna: fábricas que producen bienes, que requieren de gran cantidad de recursos y están sustentadas en torno a una organización de trabajadores.

Es normal, todavía no ha desaparecido.

El inicio de la época del desarrollo industrial y su éxito, desde la perspectiva de este libro, es la aplicación del conocimiento a las herramientas, productos y sistemas de forma metodológica.

---

[12] *Oliver Twist; or The Parish Boy's Progress*, Charles Dickens, 1837, Londres.

Hasta entonces, el desarrollo de un producto se debía a la destreza del artesano y hacían falta muchísimos años para aprender tal oficio. De hecho, se solía pasar de generación a generación el testigo gremial.

El conocimiento del proceso productivo no se podía aprender, no formaba parte del conocimiento porque este solo se aplicaba al "ser" y no al "hacer".

A partir de 1750, Reino Unido fue sustituyendo la concesión de patentes que favorecía a los cortesanos, en forma de mayores monopolios, por una concesión abierta que fomentó la competencia. Las invenciones se hacían públicas, lo que propició que se aplicara el conocimiento a los procesos productivos mecánicos de forma ordenada. Se pasó del arte misterioso a la técnica metodológica.

También fue la época en que surgieron las primeras escuelas técnicas en Francia y se elaboró la *Encyclopédie* con el objetivo de ordenar el conocimiento existente hasta la fecha; reunieron, homogeneizaron y sistematizaron el saber haciéndolo público para transformarlo en técnica. El conocimiento podía ser aplicado de manera sistemática para dar una solución práctica en el mundo material. Había nacido la tecnología en el sentido moderno.

El nacimiento de la tecnología y la aplicación del conocimiento transformarían la economía y la sociedad. Esta fue la Revolución Industrial y el cambio drástico en la sociedad y la economía: se pasó de una economía basada en la producción artesanal a la producción mediante la tecnología.

Esto produjo que el actor secundario, el capitalista, pasase a ser el personaje principal, dejando en un segundo lugar al señor feudal.

Señor feudal (caballero)	Capitalista (Empresario)	Emprendedor (profesional independiente)
Preindustrial	Capitalismo industrial	Economía del conocimiento

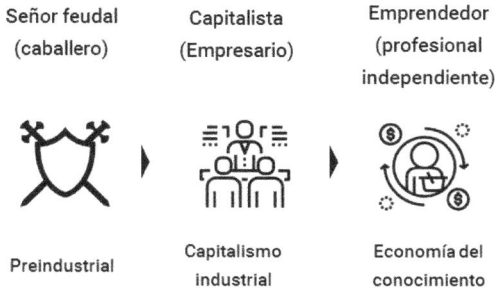

Se creó un nuevo orden social; se pasó de señores feudales y vasallos a capitalistas y proletarios. Nació la lucha de clases.

Tal como ocurre ahora, hubo resistencias al cambio tecnológico que suponía la desaparición del estamento e "industria" dominante, pero el capitalismo industrial barrió todo con su producción de riqueza y aumento de bienestar.

El cambio fue tan traumático que harían falta décadas para poder comprender cómo funcionaba la economía y dónde se situaba la persona. Igual que ahora.

La economía de mercado pasó de un espacio geográfico limitado y un polo constituido por una ciudad dominante a un espacio inmensamente más amplio, el mundo entero, lo global. Este fue el inicio de lo que conocemos como economía mundial. El sistema capitalista no hubiera sido posible en un espacio limitado como el Mediterráneo o Europa; para desarrollarse necesitó de toda esa economía mundial iniciada con la apertura de las rutas comerciales gracias a Cristóbal Colón y Vasco de Gama.

El capitalismo es el sistema económico que, desde principios del siglo XIX y por primera vez en la historia del hombre, ha permitido experimentar en masa el progreso material de las personas y sociedades que lo han adoptado, cuyo mecanismo de funcionamiento se basa en

- *Intensidad en capital.* Capital humano (el más importante, el gran recurso), capital financiero, inversión tecnológica.

- *Propiedad privada.* En una empresa (acciones), bienes raíces (tu casa) o conocimientos (propiedad intelectual y patentes).

- *Libertad de movimientos y decisiones dentro de un marco normativo.* Cualquier persona puede transaccionar en el mercado como cualquier tipo de agente (consumidor y productor) siempre dentro de unas reglas de juego iguales para todos.

Todo ello dentro de un mercado abierto de *precios libres* basados en la ley de la oferta y la demanda del mercado.

La palabra capitalismo tradicionalmente se asocia con dos elementos: capital y economía de mercado. El problema de la palabra capital es que nos lleva irremediablemente a pensar en dinero, en capital financiero, pero el concepto es mucho más amplio y no te debe confundir. Por ejemplo, puedes tener poco dinero y poco patrimonio, y a la vez disponer de un gran capital; tu capacitación profesional y experiencia. Inviertes muchísimo en capital, de hecho eres un capitalista extremo, te formas constantemente para luego vender tus conocimientos en el mercado global. Leer este libro probablemente sea uno de esos cientos de inversiones que haces todos los meses en tu propio capital, tu intelecto, aunque no seas consciente de ello.

La otra expresión, economía de mercado, es la condición necesaria para su funcionamiento. Si no existe un lugar donde intercambiar lo producido, el capitalismo no se puede dar. Uno de los puntos esenciales es que el mercado asigna de forma más o menos eficiente los precios de lo que se comercia, por eso la libertad de asignación de precios solo se da en una economía de mercado, con la particularidad de que es global, el globo terráqueo enterito. El marco normativo viene de la sociedad abierta. Luego veremos en qué consiste.

El sistema capitalista permitió por primera vez en la historia la desaparición del poder divino del destino, que nos anegaba a nuestra condición de social nacimiento con un futuro oscuro aceptado con resignación, y su lugar fue ocupado por la razón y la voluntad.[13]

Tal como ilustraba el economista John Kenneth Galbraith en *La sociedad opulenta*[14], su obra canónica escrita en 1958, la experiencia de la prosperidad que han tenido las naciones es extraordinariamente escasa, siendo casi todas ellas muy pobres a lo largo de la historia. Y es que hasta hace apenas 200 años prácticamente toda la población mundial –hasta las grandes potencias– vivía en la más absoluta pobreza, inanición y miseria, incluidos los sucesivos imperios relativamente modernos, desde el español del siglo XVI hasta el inglés de principios del siglo XX. Incluso el pueblo norteamericano era un pueblo agrícola austero que no vio la auténtica prosperidad hasta la Segunda Guerra Mundial.

Por esta razón, antes de 1870 la teoría económica se ocupaba básicamente de lo que no se podía hacer; a partir de 1870 se centró básicamente en lo que sí se podía hacer[15]

---

[13] Permitió una generación de riqueza a niveles previamente inimaginables y su distribución por las diferentes economías mediante la ventaja comparativa, imprenta móvil y conocimiento ciudadano, abolición de la esclavitud y el colonialismo, aparición de los derechos humanos internacionales, ciudades, sanidad, universidades, aumento de la esperanza de vida, la aparición del Estado de Bienestar y, en definitiva, la experiencia de la prosperidad.
[14] *La sociedad opulenta*. John Kennet Galbraith. Ariel. 2008. Barcelona.
[15] *La gran búsqueda*. Sylvia Nasar. Debate. 2012. Barcelona.

Revolución de la productividad

Hoy sabemos, con la perspectiva que nos ofrece la historia, que no hay lucha de clases y que el comunismo no es una alternativa.

¿Qué pasó entonces?, ¿qué nos hemos perdido por el camino?

Lo que pasó es que, con la aplicación del conocimiento al trabajo, los empleados de las fábricas (el antiguo proletariado) se hicieron tremendamente productivos y pasaron a vivir como sus predecesores burgueses. Al ser más productivos, también tenían mejores ingresos y condiciones de vida, y la lucha de clases se esfumó.

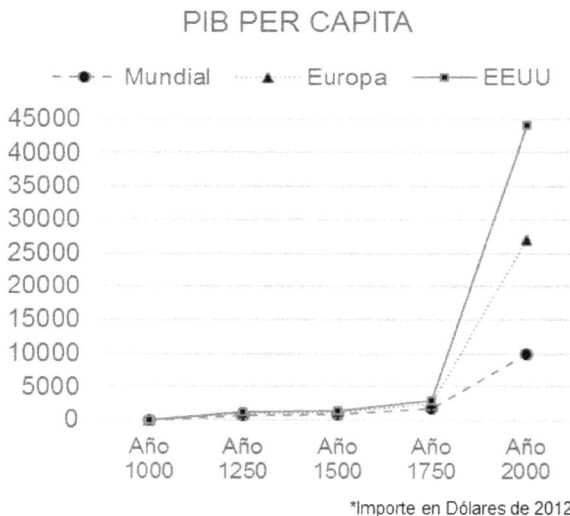

PIB PER CAPITA

- -●- - Mundial   ····▲···· Europa   —■— EEUU

45000
40000
35000
30000
25000
20000
15000
10000
5000
0

Año 1000   Año 1250   Año 1500   Año 1750   Año 2000

*Importe en Dólares de 2012

Pongámonos en situación. El ciudadano medio de la economía más rica y avanzada de principios del siglo XIX, el inglés, era una persona que vivía entre la hambruna y la esclavitud, con suerte trabajaba en labores severas, humillantes y agotadoras a cambio de techumbre. Si tenía un poco menos de suerte moría de inanición o enfermedad. Dependiendo de la lluvia o el precio del cereal, moría o vivía. Las épocas de sequía producían hambrunas igual que las guerras mataban a generaciones enteras de jóvenes; se trataba del automatismo natural de la población para autorregularse. Eran los días en los que un europeo medio consumía menos calorías que un cazador-recolector de cualquier tribu del Amazonas en Centroamérica o de Guinea en África.[16]

La revolución de la productividad se inició con el estadounidense Frederick W. Taylor en 1881, con la aplicación del conocimiento al análisis del trabajo desde un punto de vista mecanicista.

Hasta entonces existía la creencia de que se necesitaba de un arte especial para desarrollar los trabajos manuales, pero Taylor afirmaba que todo trabajo manual, especializado o general, podía estudiarse, sistematizarse y, lo que es más importante, aprenderse.

Para entender este cambio de enfoque y su repercusión en la transformación de la economía veamos el ejemplo de Estados Unidos en la Segunda Guerra Mundial. En 1941 Estados Unidos prácticamente no tenía marina mercante, sus destructores por ese medio eran escasos y antiguos, y carecían de industria óptica, fundamento para la medición de los objetivos.

No parecía el mejor escenario para enfrentarse a la flota alemana, con un gran arsenal, alta tecnología y trabajadores preparados.

Sin embargo, los norteamericanos, siguiendo el método científico de estudio del trabajo de Taylor, consiguieron preparar en un plazo inferior a tres meses a trabajadores no cualificados del campo en soldadores y constructores de buques,

---

[16] *La riqueza de las naciones* de Adam Smith llevaba más de 30 años publicada y habían salido a la luz las obras de D. Ricardo y T. Malthus, todas en esa Gran Bretaña.

y lograron producir elementos ópticos de mayor precisión que los alemanes.

Este tipo de cambios nacieron de la aplicación del conocimiento al trabajo de forma sistemática, Hubo un aumento de la productividad sin precedentes. Solo un siglo antes de que Taylor estableciera las bases del método científico aplicado al trabajo mecánico, Adam Smith había sentenciado que para que una nación elaborase productos de calidad se necesitaba, como mínimo, una experiencia de 50 años. Este es el cambio drástico.

La aplicación del conocimiento al trabajo aumentó de manera exponencial la productividad y con ello todo lo derivado de esta: producción, consumo, inversiones, ahorro, ingresos del Estado...

Esto es lo que hizo que después de la Segunda Guerra Mundial países completamente destrozados sin apenas recursos como Japón, Corea del Sur, Singapur o Taiwán se pusieran en pocos lustros a la cabeza de las potencias económicas mundiales.

Durante los siglos anteriores apenas existió un aumento de la productividad. Solo en la época preindustrial se experimentó un crecimiento de la productividad marginal, y tras la Revolución Industrial estos niveles de producción subieron. La introducción de máquinas hizo más productivas algunas actividades, sobre todo las relacionadas con el transporte y la fuerza bruta, sin embargo, la productividad de los trabajadores apenas había aumentado desde la época del imperio romano. Pero la aplicación del conocimiento al puesto de trabajo hizo que los niveles de productividad se duplicaran cada dos décadas y en la antesala de la Segunda Guerra Mundial el proletario había pasado a ser clase media, viviendo en unos niveles de riqueza material superiores a la burguesía capitalista preindustrial. El trabajador fue el principal beneficiado de la aplicación del conocimiento al puesto de trabajo.

Los políticos atribuyen el crecimiento, mejora del bienestar y aumento de productividad a sus políticas; los tecnólogos a los avances tecnológicos; los financieros a los mercados de capitales, y los economistas a la asignación de recursos escasos en sus modelos econométricos dependiendo de su inclinación ideológica. Para los fines de este libro lo más determinante es la aplicación del conocimiento al trabajo. El capital tecnológico y el financiero solo tienen sentido si existe una metodología desarrollada para aplicar el conocimiento específico al trabajo de forma sistemática, dentro del *timing* que dicta la realidad del mercado.

Progreso y destrucción creativa

La destrucción creativa es la esencia del sistema económico en el que vivimos. Fue la esencia en el inicio del sistema económico moderno en la era industrial. Desde entonces, lo ha sido y lo seguirá siendo en el nuevo paradigma económico en el que hemos entrado y nos tocará vivir en las próximas décadas.

Como es la base del progreso y el fundamento del sistema, no es que desaparezca, es que cada vez toma un mayor protagonismo.

Si no entiendes este concepto, siempre estarás confundido e intentarás buscar las soluciones en otros sitios donde no hay que mirar o esperar: tu gobierno, tu empresa, tu sociedad...

Todo movimiento económico, toda causa, toda consecuencia, hay que interpretarlo teniéndolo siempre en cuenta. Solo de esta manera podrás contextualizar la situación y razonar de acuerdo a la realidad y sus razones objetivas.

El primer economista que escribió sobre la destrucción de nuestro sistema fue Thomas Malthus[17] al hablar de los colapsos que hay en el sistema cuando existe un exceso de oferta. El siguiente economista que expuso esto como una característica inherente al sistema capitalista fue Karl Marx, al afirmar que los problemas del sistema eran endógenos y no había que buscar explicaciones fuera del mismo.

Ambos tenían razón. Sin embargo, ninguno de los dos explicaba por qué ocurría esto. Hablaban de una parte de la destrucción creativa. Dejaban sin explicación este fenómeno recurrente.

La destrucción creativa está unida, como condición necesaria, a tres aspectos fundamentales: progreso, sociedades abiertas y emprendimiento.

El primero que unió destrucción a progreso fue el economista austriaco Joseph Schumpeter, y de esta forma dio con la clave de nuestro sistema.

En concreto lo unió a la innovación: cuando surge una innovación basada en una tecnología nueva, la industria de la antigua tecnología con la que compite se derrumba y la nueva surge sobre las cenizas de aquella. Se destruye riqueza para crear más riqueza. Esto es así desde que el hombre comenzó a utilizar utensilios en el Paleolítico. La inolvidable escena *El amanecer del hombre*[18] de la película *2001: Una odisea del espacio* lo ilustra muy bien. Entonces y ahora la necesidad de innovar es, en esencia, la misma.

---

[17] Thomas Robert Malthus fue un clérigo anglicano y erudito británico con gran influencia en la economía política y la demografía. Su obra más conocida es *Ensayo sobre el principio de la población*. Es considerado uno de los grandes economistas de la economía moderna.
[18] https://www.youtube.com/watch?v=GIbX9jXvxNw

El progreso es un concepto de la Ilustración francesa explicado por primera vez por el economista Jacques Turgot[19]. El progreso es la mejora de las condiciones de vida resultado de un "proceso acumulativo unidireccional que abarca todos los aspectos de la vida social". Turgot argumentó que esto era posible porque "la capacidad del hombre de recibir impresiones nuevas del mundo exterior, de evaluarlas, combinarlas y analizarlas, había abierto un camino por el que la experiencia absorbe y construye una sucesión ilimitada de mejoras materiales, avances tecnológicos y mejor organización".

En términos de economía actual, el progreso es una acumulación de conocimiento que acaba en una rápida sucesión de innovaciones.

En la economía del conocimiento el progreso es exponencial y los intervalos de tiempo son cada vez más pequeños. Esta aceleración hace que cada innovación se dé cada menos tiempo. Algunos estudios estiman que para 2020 el 90% del conocimiento humano se haya producido en la última década.

Para descubrir que podíamos fabricar armas y utilizarlas necesitamos dos millones de años. Desde entonces el progreso ha provocado que cada innovación, cada mejora tecnológica sobre la anterior, se haya producido con una frecuencia mayor en un tiempo menor.

Lo que une el progreso a la naturaleza destructora del sistema capitalista es la destrucción creativa, y en última instancia la innovación.

Pero para que la destrucción creativa mejore la calidad de vida de las personas, introduzca progreso, se necesita una sociedad abierta.

---

[19] Anne Robert Jacques Turgot (1727-1781), economista y político francés.

Una sociedad abierta es aquella que tiene libertad política y de conciencia. Esto solo ocurre en las sociedades y economías occidentales y occidentalizadas.[20]

Lo contrario es una sociedad cerrada, donde rige una autoridad central y están limitadas las libertades políticas y de intercambio de ideas. Un lugar donde no se puede debatir ni juzgar a las instituciones que lo rigen.

En una sociedad cerrada no hay posibilidad de que sus ciudadanos desafíen a la ley.

Sin sociedad abierta no se puede desarrollar el progreso de forma continuada. Por eso el progreso no siempre es posible.

Eso sí, una vez que los ciudadanos son conscientes de la conciencia individual, la crítica social y el humanitarismo que defiende el bienestar humano, es imposible volver a imponer una sociedad cerrada.[21]

El tercer elemento indispensable es la existencia de emprendimiento. Esto es lo que explica la victoria de Occidente y su sistema económico capitalista sobre los sistemas de planificación central comunistas. ¿Cómo puede ser, si el sistema de planificación central aseguraba pleno empleo y en cambio el capitalista produce paro?

La gran diferencia es que mientras el asegurar el pleno empleo llena la economía de puestos que no solo suman, sino que restan valor, lo inútil al menos no resta—, en nuestro sistema occidental de economía de mercado los recursos se asignan de forma supereficiente. En otras palabras, el sistema capitalista se asegura de que aquellos que están ocupados sumen

---

[20] El concepto de sociedad abierta lo introdujo el filósofo francés Henri Bergson, pero fue el filósofo austriaco de la ciencia Karl Popper el que lo popularizó gracias a su obra clásica *La sociedad abierta y sus enemigos*.
[21] *The open society and its enemies*, Karl Popper, Routledge Classics, 2003, Londres.

en lugar de restar, que hagan algo útil para la sociedad. Como es imposible tener a todo el mundo ocupado todo el tiempo, el sistema elige muy bien dónde aporta más cada uno.

Esta ventaja y capacidad de nuestro sistema de asignar de la mejor manera los recursos ocupados la tenemos que buscar en la destrucción creativa. Como apuntaba Schumpeter, el capitalismo está inmerso en un proceso constante de mutación que "revoluciona la estructura económica desde dentro, creando de manera incesante una nueva estructura".

Para que se dé esa reestructuración constante hacen falta dos cosas: un emprendedor y un sistema financiero abierto, que posibilite que otros agentes inviertan en él arriesgando su capital.

Esta es la diferencia entre invención e innovación. Para que un invento llegue a ser una innovación tiene que tener éxito económico. La invención está asociada a la tecnología y la innovación a la aplicación de esa tecnología en la sociedad y supervivencia económica, porque resuelve un problema y es demandado. Al ser la economía y la realidad muy darwinianas debido a la propia esencia del capitalismo, lo innovador es mucho más limitado que la invención tecnológica. Por eso la asignación de recursos es más eficiente y suma más que cualquier otro sistema.

La comprensión de la destrucción creativa es fundamental, ya que la guerra que existió entre las naciones hasta la caída del muro de Berlín ha pasado de una competición militar a un asunto económico. Esta nueva guerra, que es económica, se basa en el capital humano y el talento que rigen la nueva economía.

Los países con más capital humano y talento son los que más van a crecer, tener mayor nivel de ingresos y más clase media. La clase media será menor en la medida en que no disponga de esos dos elementos bien asignados.

Esta necesidad de repensarse y adaptarse de forma constante requiere, a su vez y en su nivel, un replanteamiento y adaptación de los estados, las empresas, la propiedad y el trabajo. Lo que ayer era válido hoy ya no lo es, y lo que es hoy válido no tiene por qué serlo mañana.

Por esta razón es tan importante que asimiles este principio que rige la realidad económica.

Hacia una la economía del conocimiento

El cambio en la concepción del conocimiento, con el paso del "ser" al "hacer" que comenzó a mitad del siglo XVIII, hace unos 250 años, ha transformado la economía y la sociedad por completo.

Este cambio profundo se refleja en la necesidad de formación que tiene el trabajador. Hasta la Segunda Guerra Mundial solo tenían una carrera superior los hijos de la gente rica, pero la mayoría de ellos muchas veces no ejercía luego lo que había estudiado, era más un componente de prestigio social que una herramienta de trabajo. De hecho, casi ningún gran emprendedor de la época tenía estudios superiores. Después de la Segunda Guerra Mundial y en las siguientes dos décadas, la mejor manera de asegurarse un buen sueldo en los países desarrollados era empezar de muy joven en una gran fábrica, una buena corporación, y recibir la formación específica que se daba allí. Esto aseguraba un muy buen sueldo y una estabilidad como nunca se ha vuelto a ver. Pero a partir de los años 70 esto cambió y se necesitaba una certificación reglada que validara un conocimiento específico. Y esto solo lo podían dar las universidades o los centros de formación profesional cualificada.

Así, el trabajador bien remunerado tenía que pasar por aquellos. Este elemento está mutando, otra vez, desde el cambio de siglo: la enseñanza de la universidad tiene cada vez más complicado ofrecer soluciones específicas al dinámico y evolutivo mercado de trabajo.

Es una época en la que hemos pasado del "qué eres" al "qué sabes hacer y enséñame ejemplos". Las habilidades necesarias para cubrir un puesto de trabajo bien remunerado vienen del conocimiento validado, y esto no es necesariamente un saber que se enseñe en una institución educativa. La validación viene del mercado y el dominio en áreas específicas puede proceder de otros sitios.

El trabajador de la nueva economía del conocimiento es aquel que sabe encontrar de qué forma se puede aplicar el conocimiento existente para producir otro, aplicando la imaginación, la gestión de ese saber y cierta metodología sobre estos.

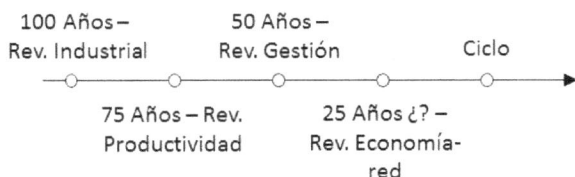

100 Años –
Rev. Industrial

50 Años –
Rev. Gestión

Ciclo

75 Años – Rev.
Productividad

25 Años ¿? –
Rev. Economía-
red

Es tan nuevo el término gestión que incluso en los años 50 ni el Banco Mundial lo tenía en su diccionario, ni mucho menos en su jerga convencional.

La revolución de la gestión del conocimiento es lo que hizo posible que Japón pasara de ser un pequeño país destruido, sin tecnología ni apenas recursos naturales en los años 50, a la segunda potencia mundial en los años 70. Solo de esta forma podemos entender cuál fue la razón principal de tan dramático cambio.

Nuevo conocimiento → nuevo recurso aplicado con eficacia →
→ experiencia extrema

La experiencia extrema es la caída de las viejas industrias por el elemento impulsor del cambio, la destrucción creativa, y pasar a otra economía totalmente diferente.

Esta es la etapa en la que el conocimiento pasa a ser el recurso imprescindible. El resto de recursos son importantes, pero se pueden conseguir, con mayor o menor dificultad, si existe un conocimiento organizado. Pero la abundancia de aquellos no aporta demasiado sin *el* recurso que supone el conocimiento desde la nueva perspectiva.

El cambio de convertir al conocimiento como *el* recurso hace que haya grandes desafíos en la economía y posteriormente en la sociedad, donde crea nuevas dinámicas sociales, económicas y obliga a buscar nuevas políticas que se adecúen a ella. Uno de los problemas que tienen ahora los responsables de política económica, por ejemplo, es que el recurso del conocimiento, sumado a las nuevas tecnologías de la información, hace que muchos productos tengan un coste marginal cero, pero sin embargo producen servicios o bienes intangibles que no saben cuantificar y no se incluyen en el Producto Interior Bruto de un país. Tal es el caso de los ordenadores personales: cada vez cuestan menos pero cada vez son una mayor palanca tecnológica que ayuda a crear servicios antes solo aptos para grandes empresas. El PIB es una medida de la producción final física de un mundo industrial, de hecho se creó en la Segunda Guerra Mundial, y por lo tanto no refleja el lugar real de las economías hoy en día.[22]

El ejemplo más claro y conocido es el siguiente:

---

[22] Si quieres profundizar sobre este tema puedes descargarte la *Guía PIB* en http://estrategafinanciero.com/guia-pib/

Imagina un hombre con renta alta y otro con renta baja. La persona con renta alta trabaja duro, conduce su coche hasta el trabajo, cada mañana se traga mucho tráfico y estrés, cambia de coche cada pocos años, toma pastillas para la tensión. Trabaja mucho, gasta mucho. Le encanta ir a restaurantes, su televisión es enorme, su enorme casa está protegida con un sistema de seguridad. Él y su mujer pagan a una chica que cuidad de sus hijos, y como no tienen tiempo también pagan a otra chica para que haga las tareas del hogar a tiempo completo. No tienen hueco para cocinar, tampoco para disfrutar de muchas vacaciones.

Cocinar, limpiar, cuidar el coche, un mes de vacaciones, cuidar de sus hijos… son actividades que mantienen ocupados al hombre de renta baja y su mujer. El hombre de renta baja no se preocupa de dejar la ropa en la lavandería, cocina los alimentos que compra cada día, si quiere hacer ejercicio no se apunta a un gimnasio, sale a correr por el barrio, cuando quiere un libro no lo compra, va a una librería y hojea, y cuando va al trabajo camina y toma un autobús, no se estresa con el coche y el aparcamiento.

Según el PIB y las medidas estándar no cabe duda de que el hombre de salario alto vive muchísimo mejor, gana más, gasta más y su actividad económica es más robusta. Sin embargo, no sabemos si esto es así, si su mujer vive mejor, si el consumo de algunos de sus bienes es malo… Por ejemplo, la alarma de su casa es un indicador de su seguridad personal, su estrés y sus gastos médicos son un indicador de su salud, la polución y los atascos de tráfico para ir a trabajar hablan de su contribución a la contaminación del medio ambiente.

Puedes poner los ejemplos que quieras, y reales. Imagina que un estudiante recién licenciado de 25 años comienza a trabajar desde casa con un ordenador y conexión a internet. Tiene un blog y ofrece información útil a miles de lectores. Está labrándose su carrera profesional y poco a poco va acumulando valor en el mercado.

Ahora imagina a un recién licenciado que ha conseguido entrar en una multinacional de consultor. Trabaja 15 horas y cobra el salario mínimo de la empresa. También trabaja los fines de semana.

Para el PIB el chico que trabaja en la multinacional tiene un valor mucho más alto que el chico que trabaja desde casa. No obstante, no sabemos si esto es cierto; la calidad de vida del primero es mucho mayor, puede practicar todo el ocio que quiera con tranquilidad, está con su familia y seguramente está más preparado para el futuro del mercado laboral que el primero, porque trabaja en incertidumbre y presta un servicio innovador en constante revisión. Pero el PIB ignora esto.

Pon un ejemplo con lo que veas a tu alrededor.

Hablo del PIB porque es la medida económica por antonomasia a nivel social y político. Es lo que oímos y leemos todos los días. Y también es fácil de manipular tanto por los políticos, para llevar a cabo sus medidas, como por los medios de comunicación, para satisfacerlos si es requerido.

Desde su introducción en la Segunda Guerra Mundial como indicador de la producción bélica para determinar su capacidad, el Producto Interior Bruto se ha convertido en el principal indicador del progreso económico. Es utilizado por responsables de política económica, agencias internacionales de calificación, economistas, políticos y medios de comunicación de todo el mundo para puntuar el progreso, la salud y el bienestar de la economía de una nación.

Otra paradoja es que no diferencia entre producción de bienes "buenos" y" malos". Por ejemplo, los costes de una reconstrucción por un terremoto, inundación, deforestación por incendio o pérdida de cosechas por heladas se computan igual que los ingresos por exportación de productos a otras economías. Es decir, la valoración de un elemento destructivo y otro productivo cuentan lo mismo.

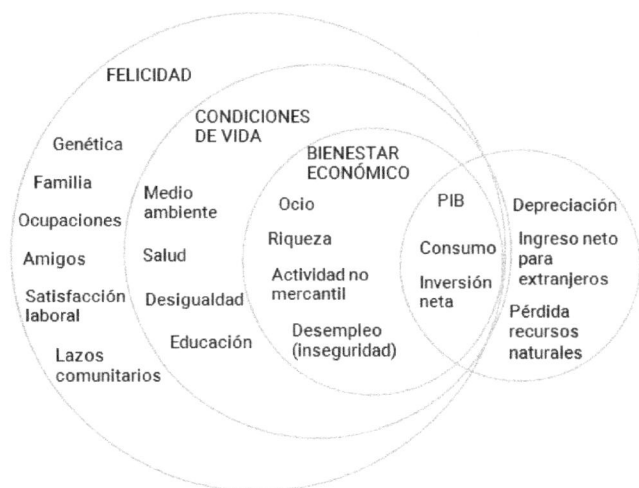

EXISTEN IMPORTANTES FACTORES DETERMINANTES DEL BIENESTAR MÁS ALLÁ DEL ALCANCE DE MEDICIÓN DEL PIB

Fuente: Stefan Bergheim, Measures of Well-Being (Frankfurt, Germany: Deutsche Bank Research, 2006

Premia a las economías con mercados más abiertos y emprendimiento. Esto beneficia mucho a Estados Unidos en detrimento de Europa, donde los impuestos son mucho más elevados y el gasto del gobierno mucho mayor. Por ejemplo, nuestras vacaciones, más largas, provocan que el PIB sea menor, porque la producción es menor, y nuestro tiempo de ocio no es valorado. Si nos fijamos en el *Bloomberg Health Care Efficiency Index*, que mide la eficiencia de los sistemas sanitarios bajo tres parámetros −esperanza de vida, gasto en salud per cápita y peso relativo del gasto sanitario sobre el PIB− España está en tercer lugar, solo por detrás de Hong Kong y Shanghái, y Estados Unidos está a la cola, en la posición 50 de un total de 55.

Es un indicador de las transacciones económicas de hechos tangibles, materiales y finales de una economía industrial, pero no mide multitud de bienes y servicios intangibles no finalistas de una economía del conocimiento como la actual, y por lo tanto no es una buena medida del nivel de bienestar.

El PIB es el relato de la diferencia entre la economía industrial y la economía del conocimiento, donde este es el recurso más importante. Al ser una medida tan importante para la toma de decisiones a todos los niveles y concentrar tanta información económica en un solo dato, podemos afirmar que es la metáfora de una medida de otra economía aplicada a la nuestra. Es la metáfora de cuán importante es utilizar correctamente el conocimiento.

Y también es una metáfora de cómo se elabora la información económica, cómo se están creando nuevos tipos de medios, cómo se está transmitiendo ese conocimiento y cómo lo ignora la disciplina económica convencional.

Nosotros

El crecimiento se ha convertido en la cuestión económica *existencial* de nuestros días. Todos hablan de él; ¿crecer o no crecer?

Bienestar versus riesgo, progreso versus peligros, seguridad versus incertidumbre, *slow living* versus vida frenética, recursos naturales versus coste personal... nos planteamos si es necesario ese crecimiento para el bienestar y progreso de nuestra vida y la sociedad en la que vivimos. La rapidez con la que cambia nuestro entorno y las decisiones personales que debemos tomar a diario cada vez son más frecuentes y complejas, la incertidumbre gana peso y comenzamos a plantearnos cuestiones económicas existenciales.

¿Por qué crece la economía?

El crecimiento de la economía es algo relativamente nuevo. Nos hemos acostumbrado a que mejore todos los años y cuando no lo hace se encienden las alarmas. Sin embargo, si echamos la vista atrás nos damos cuenta de que ha sido inexistente hasta hace apenas dos siglos.

Durante los primeros 1.500 años –después de Cristo– el crecimiento era inexistente y la vida de las personas corta, extremadamente pobre y aburrida, llena de carencias básicas, dolores, frío, hambre...

El mayor experto en el tema, Angus Maddison –*Maddison Project*[23]–, ha calculado que durante los primeros 1.000 años d. C. no existió crecimiento, y la renta media anual estuvo estancada en el equivalente a 600 euros actuales. En los siguientes 500 años el crecimiento fue de un casi invisible 0,05%, pero permitió elevar la población mundial de 268 a 468 millones de habitantes (en el siglo 1 había 231 millones). El crecimiento se aceleró a partir de 1820, cuando ya había 1041 millones de personas. En el siguiente siglo, Europa, Estados Unidos y las colonias europeas crecen a un ritmo primero del 0,53% y luego del 1,3% anual sostenido. En el resto del mundo tendrían que esperar al siglo XX para experimentar estas tasas de crecimiento, y solo en las últimas décadas se ha sacado de la pobreza a una gran parte de la población mundial. En definitiva, que el crecimiento económico es un acontecimiento nuevo.

Pero el crecimiento es el resultado de algo, la consecuencia, lo que vemos es la materialización de algo previo. ¿Qué lo produce entonces?

Las ideas.

---

[23] http://www.ggdc.net/maddison/maddison-project/home.htm

Las ideas nuevas son las que permiten que la economía crezca y el mundo prospere materialmente. En un principio se crece porque se acumulan recursos y esos recursos combinados (capital y trabajo) producen nueva producción, pero esto por sí solo tiene un límite, ya que nuevas unidades de recursos hacen que estos produzcan menos: se trata de la famosa ley de los rendimientos decrecientes. La irrupción de nuevas ideas rompe la ley de los rendimientos decrecientes; con los mismos recursos o menos se puede producir más. Nos permiten crear más con menos, esas ideas se pueden copiar infinitas veces. Una vez que alguien sabe crear energía a partir del movimiento del agua, todos en su comunidad pueden copiarlo y hacer que sus trabajos sean más productivos. Y tras la aparición de esa gran idea comienza una fase en la que se desarrollan múltiples aplicaciones relacionadas con ella o a partir de ella, que hacen que se dé un periodo de crecimiento sostenido.

En los últimos 300 años se han dado tres revoluciones *industriales*, siguiendo el ya famoso *paper Is U.S. Economic Growth Over?*[24]:

1ª) 1750-1830: motor de vapor y tren

2ª) 1870-1900: electricidad, motor de combustión, agua corriente, industria química, industria petrolífera, comunicaciones y ocio

3ª) 1960-presente: microelectrónica y telecomunicaciones. La aparición de estas grandes ideas dio lugar a décadas de innovación que aún hoy siguen presentes, como la electricidad y las telecomunicaciones. Son estas innovaciones las que producen el crecimiento. Y aquí surge otra pregunta clave; ¿qué se necesita para que se produzcan esas innovaciones posteriores a raíz de la idea inicial? Dos

---

[24] Robert J. Gordon. *Is U.S. Economic Growth Over? Faltering Innovation Confronts the Six Headwinds.* 2012(http://www.nber.org/papers/w18315).

cosas: instituciones y capital humano.

Por un lado están las instituciones, porque se necesita seguridad jurídica y un Estado de Derecho, que las leyes se cumplan. Deben ser independientes e inclusivas porque si no, como hemos podido comprobar en nuestras propias carnes, los extractores de rentas (instituciones extractivas) se lanzan a la yugular a desangrar la primera idea que dé dinero. La crisis institucional que vive España va sobre esto, sobre cómo las instituciones independientes han sido fagocitadas por el poder político y es muy difícil que en nuestro país se desarrollen innovaciones que produzcan riqueza.

Por otro lado se encuentra el capital humano, porque sin este no se puede crecer. Las nuevas ideas y sus desarrollos posteriores nacen en la cabeza de personas inteligentes, espabiladas, formadas y arriesgadas, y la gran mayoría de ellas se dan fuera de los laboratorios y el I+D institucional. Son personas despiertas que necesitan de un entorno favorable para desarrollar sus ideas (instituciones) y rodearse de gente preparada que les ayude a llevarlas a cabo (capital humano). Una mejora de un punto en el Informe PISA está asociada a un incremento porcentual del PIB de dos puntos, y hay una serie de estudios muy conocidos entre los investigadores (que demuestran que el 73% de las diferencias entre tasas de crecimiento de las economías se explican a partir del nivel intelectual de su población) y los ingresos iniciales.

Recursos naturales y crecimiento ¿menor?

Como hemos visto, los recursos, en principio, no limitan el crecimiento. El crecimiento no está condicionado por los recursos. Si un recurso se comienza a agotar suceden dos cosas: por un lado, el mercado hace que el precio de ese recurso suba y se consuma menos y por otro, aparecen alternativas a ese recurso. El ingenio humano y el mercado hacen que surja la destrucción creativa que mantiene ese crecimiento. La óptica malthusiana de que la población crece de forma exponencial y los recursos de forma lineal es una visión preindustrial que no tiene sentido en nuestra economía. Prácticamente todas las cosas que consumimos, a excepción que aquellas de primera necesidad –alimento, ropa y hogar–, suponen muy pocos recursos físicos; desde el consumo del coche que ahora gasta una tercera parte que hace 20 años a todo el ocio de música, cine, televisión, redes sociales, teléfono, internet, libros electrónicos, periódicos *online*... básicamente solo necesitan electricidad, que por otro lado es barata y abundante. Además, el consumo colaborativo está haciendo que el uso de los recursos sea muchísimo más eficiente, algo que puede verse en las vacaciones en casas de otras personas, las webs de compras compartidas y un largo etcétera de ejemplos.

Pero existe una serie de elementos que apuntan a que el crecimiento en los próximos años o décadas será menor, porque los grandes avances, los que solucionan los problemas más importantes, ya se han dado. ¿Preferirías quedarte con todos los avances de la tercera revolución y renunciar a algunos de los anteriores, o al revés? Sin Facebook, el ordenador o el teléfono móvil puedes vivir, pero sin calefacción, agua corriente y electricidad la cosa se pone fea. Este es el planteamiento de Robert Gordon[25] –posiblemente el mejor historiador económico vivo–, cuya conclusión es que las innovaciones más importantes para la humanidad –calor, hogar, agua corriente...– ya se han dado y el crecimiento generado por ello ya no va a volver.

A esto debemos sumar que la población en el mundo desarrollado cada vez va a estar más envejecida.

---

[25] https://en.wikipedia.org/wiki/Robert_J._Gordon

Además tiene que hacer frente a un sobreendeudamiento, lo que quiere decir menos consumo futuro. Una población envejecida es menos dinámica y el endeudamiento es el consumo del futuro que ya se ha realizado. Estas variables son las claves. El ejemplo de todo esto es Japón, que lleva nada menos que dos décadas estancado.

No obstante, una parte de los expertos en innovación piensa que el crecimiento se acelerará en las próximas décadas. El estandarte de esta idea es el economista Joel Mokyr[26], que se basa en tres premisas para afirmarlo:

1. *El progreso tecnológico no solo es consecuencia de los avances científicos, sino que también es la causa de nuevos avances.* En otras palabras, progresamos porque ha habido progresos previos, hay una dependencia del pasado. En este sentido, las mejoras en casi todos los ámbitos han sido exponenciales en las últimas décadas. El progreso se acelera.

2. *La caída del coste de acceso a la información.* Yo añadiría la caída de las barreras de entrada para que cualquiera pueda innovar, aunque está íntimamente relacionado con la información. Las tecnologías de la información suponen una drástica reducción de estos costes de acceso, de esas barreras.

3. *Las instituciones y la reputación que consiguen los científicos o desarrolladores de ideas mediante la apertura de sus ideas al mundo.* Abrir las ideas al público recompensa al científico o desarrollador de la idea con reputación y acceso a financiación gracias a esa reputación.

Las dos visiones son complementarias; los grandes avances para el progreso humano ya se han dado porque se han cubierto las necesidades básicas, pero eso no es un problema y es

---

[26] Uno de los mayores expertos a nivel mundial en la historia de la innovación y de las ideas y su impacto económico.

independiente para que la economía siga creciendo, y de hecho lo seguirá haciendo, pero a través de otros protagonistas, aquellos que las tienen que cubrir todavía.

¿Es necesario el crecimiento para el progreso y el bienestar?, ¿se puede elegir crecer o no crecer?

No crecer encierra un problema, un problema muy grave: en una economía de crecimiento cero lo que uno gana el otro lo pierde. Si una región económica gana 10 es porque se lo ha quitado a otra. Con el crecimiento esto no pasa, porque mientras uno gana al otro se le retribuye con ese crecimiento vía políticas de distribución de ese crecimiento. Sin crecimiento esto desaparece, que te quede claro[27].

Subempleo y *side projects*

Necesitamos adquirir un nuevo enfoque sobre el trabajo. La revolución de las tecnologías de la comunicación y computación conllevan enormes, variados, complejos e inesperados cambios sobre el trabajo. Vamos hacia una economía rica en información pero tremendamente competitiva, abierta y que genera desigualdad. Muchos empleos serán sustituidos por máquinas y hay que especializarse e invertir en uno mismo para competir en

---

[27] En un juego de suma cero los compromisos son muy difíciles y las disputas son cada vez más violentas. El crecimiento evita que el perdedor tenga que robar o entrar en conflicto.
Esto lo vemos con mucha claridad en el caso español. Tras la transición de finales de la década de los años 70 la financiación autonómica se concedió sin problema alguno, años de crecimiento y entrada de capitales de la Comunidad Europea a raudales. Ahora que no se crece y no entra dinero, están todas las comunidades con el cuchillo en la boca porque lo que una exige a otra se le quita caso de Cataluña. El sur autonómico de España es un perdedor neto, que de momento cube su pérdida con lo que dan las demás, pero como ahora no se crece las que daban no pueden seguir haciéndolo porque entonces son ellas las perdedoras. Juego de suma cero. En el caso de la Unión Europea más de lo mismo.

incertidumbre.

La globalización ha producido la deslocalización del proceso productivo de muchos bienes y servicios. A esto hay que añadir la ley de un solo precio a nivel global, para bienes o servicios idénticos se elige el más barato. Si un producto chino es igual al tuyo y cuesta la mitad, o haces algo diferente con él o bajas el precio a la mitad. Una vez leí una frase muy elocuente sobre esto: "O eres diferente, o eres barato".

La incertidumbre, complejidad, interconexión y ley del precio único que definen el nuevo paradigma del trabajo están generando subempleo, algo que no es necesariamente malo.

El subempleo es la situación en la que un trabajador aporta un valor añadido muy superior al dinero que cobra por las tareas que desempeña. Se puede dar por:1) falta de horas en la jornada de trabajo, 2) competencias inferiores a las que cree que está capacitado y 3) ingresos inferiores a su desempeño. Por lo tanto, el subempleo está asociado a la sobrecualificación. En España se cuantifican en unos 2,5 millones los trabajadores en situación de subempleo, la mayoría de ellos universitarios con experiencia.

En la actual crisis económica mundial el concepto de subempleo está ocupando un lugar esencial en el cambio de sistema productivo o cambio económico sistémico que estamos viviendo[28]. La ansiada productividad por trabajador necesaria

---

[28] *Incidencias en la teoría económica: la Curva de Phillips:*
Las realidades y sus datos van por delante de las teorías económicas. En este caso de la Curva de Phillips, que relaciona la tasa de paro con la inflación (una relación inversa). Esta teoría macroeconómica es clave en la disciplina moderna: a menor tasa de desempleo mayor inflación porque más trabajadores tienen poder adquisitivo, consumen más y tienen más poder para pedir subidas de salarios, presionando sobre los precios de los productos y los costes laborales al alza, y viceversa.
Algunos investigadores norteamericanos están comenzando a introducir el subempleo como variable explicativa, ya que la infrautilización de mano de obra cualificada se ha incrementado en las dos últimas décadas de manera significativa. En algunas economías como la australiana el subempleo es superior

para crecer en países como España (y en general en los países desarrollados) se está consiguiendo gracias al subempleo: trabajar más por menos dinero con la obligación de una formación continua de competencias globales. Esto ha disparado la productividad en nuestro país y está permitiendo aumentar las exportaciones por un abaratamiento de los productos vía sueldos.

Existen otras formas de ganar competitividad vía precios, como la disponibilidad de una energía más barata (tenemos la más cara de Europa), telecomunicaciones más eficaces y económicas (son las más caras nuevamente), menor presión fiscal (el ejemplo de la subida del IVA nos ha ilustrado a todos de qué manera afecta en el precio final), un sistema administrativo más eficiente y barato... pero todo esto pertenece a las grandes corporaciones representadas por los grandes *lobbies:* eléctricas, telecos, farmacéuticas, sindicatos de funcionarios... y su función es presionar para que estas no se toquen. Por esta y otras razones de orden político, desde las instancias públicas y los grandes monopolios se nos intenta vender la idea de que vamos a crecer de forma asombrosa.

---

al desempleoy ha dado lugar a una caída muy significativa de este último. En Alemania sucede algo parecido.

¿Qué influencia tienen los subempleados sobre la inflación? Hemos visto que los trabajadores a *full time* con tasas no muy altas de desempleo presionan los precios y la inflación aumenta, pero en los casos como el australiano, en los que las tasas de paro son bajas pero hay un elevado nivel de subempleados, la presión de estos sobre el nivel de precios es menor que la que ejercen los empleados, pero extremadamente superior a la que ejercen los desempleados, casi nula.

El teorema de la Curva de Phillips y otras teorías económicas fundamentales deberán ser mejorados o modificados para mejorar su capacidad descriptiva y predictiva.

Los subempleados presionan a la baja los precios de una forma mucho más significativa que los desempleados y, en consecuencia, tienen una relación más fuerte que los desempleados en la Curva de Phillips.

Es lo que ha pasado en España y otros países de la Unión Europea a lo largo del ejercicio 2016; lleva tres años con deflación y el PIB crece por encima del 2% anual. Esto incumple los fundamentos de la economía. Pero se está dando. ¿Por qué? Porque la economía ya no es "lo que solía ser".

El modelo, que en la actualidad solo contempla a los parados de corta y larga duración, tendrá que incluir a los subempleados y desempleados silenciosos.

Existe una realidad incontestable, con independencia de lo anterior: el profesional va a tener que ser un trabajador multitarea de competencias globales. En el sector servicios, que es el que más rápido evoluciona siempre, ya se está dando desde que estalló la crisis. Vemos cómo arquitectos, ingenieros, abogados, economistas, periodistas, diseñadores y un largo etcétera de las llamadas profesiones liberales, han tenido que apretarse el cinturón y trabajar por cuenta propia como autónomos en el límite de la supervivencia. Es lo que conocemos como autónomos, profesionales de servicios o *freelances*.

La caída de las ventas en las empresas está haciendo reducir sus estructuras y despedir a sus trabajadores, muchos de ellos muy cualificados, y externalizar sus servicios[29]. En esta evolución vemos cómo las empresas subcontratan los servicios de asesoramiento mercantil, laboral, jurídico, logístico, comercial, productivo o incluso de atención al cliente vía *call center*.

El trabajador de servicios tiene la necesidad de ser multitarea –porque ingresa menos dinero por el mismo trabajo y por la situación de subempleo que hemos mencionado– y la obligación de tener alcance global, debido a que su competencia puede estar en la oficina de al lado o en cualquier otro continente. En este sentido, o se igualan los precios, la ley del precio único global –por ejemplo, un programador alemán que compite con un español; o peor, uno español que compite con uno de India–, o se da más valor añadido.

El filósofo irlandés Charles Handy[30] pronosticó hace dos décadas que las grandes empresas dejarían de tener en su estructura propia todos los servicios que necesitan y que

---

[29] En el caso del sistema laboral español, fruto de su rigidez.
[30] Especializado en comportamiento de organizaciones y gestión de empresas. Es un personaje desconocido fuera del ámbito del *management*, sin embargo es considerado uno de los pensadores más influyentes en esta disciplina, a la altura de eminencias como Peter Drucker.

funcionarían de forma virtual, subcontratando la mayoría de las tareas. Según Hardy, las grandes corporaciones evolucionarían hacia una estructura formada por una alta dirección junto con tres tipos de trabajadores:

1) Un pequeño grupo de empleados en plantilla muy especializados trabajando a tiempo completo.

2) Un grupo de trabajadores poco cualificados para realizar tareas de bajo valor añadido de forma temporal y flexible.

3) Colaboradores externos (autónomos a los que se externalizan ciertos servicios que también requieren de especialización, pero que no forman parte del objeto social de la empresa).

Cuando publicó sus tesis, esta parecía ciencia ficción. Hoy es una realidad.

Side Projects

Fruto del nuevo paradigma del trabajo, la organización del mismo también está cambiando. Una consecuencia directa del subempleo es el desarrollo de los proyectos emprendedores paralelos o *side projects*.

En la nueva acumulación de capital humano basada en el *learning by doing* los proyectos paralelos al trabajo se han convertido en la principal fuente de desarrollo y capacitación personal. Las empresas más innovadoras del mundo dejan que sus trabajadores dediquen un día a la semana a hacer *otras cosas*. Lo que se les ocurra.

Hablo de Google, Linkedin, Apple o Microsoft. Ellos saben que es mejor tener a gente con talento disponible al 80% que a gente desmotivada machacándose el 100%.

En ese 20% surge el 80% de los ingresos del futuro. Ya sabes, el 80-20 de la Ley de Pareto.

No es gratuito, se requiere mucho trabajo, esfuerzo y constancia. Para crear un *side project* y que tenga posibilidades de funcionar se necesitan tres cosas: trabajar más, equivocarse más y pensar diferente, plantear soluciones desde la imaginación. Pero tiene múltiples beneficios. Te permiten experimentar y aprender cosas nuevas, ser más creativo, son una fuente de desarrollo personal y habilidades profesionales y te ayudan en tu carrera.

El nuevo trabajador del conocimiento: *knowmada*

La edad industrial que comenzó a finales del siglo XVIII necesitó un tipo de trabajador muy concreto, alguien con una habilidad o conocimiento muy específico en un sitio fijo durante muchos años. La industrialización de Europa conllevó una transformación económica, política, social y educativa.

Todo ese crecimiento económico requirió de trabajadores industriales y burócratas que pudieran manejarlo a nivel estatal.

De esta forma, en 1763 Federico II de Prusia inició la revolución más grande en educación, la educación obligatoria. Todos los niños de Prusia de entre 5 y 13 años tenían que integrarse en el sistema educativo por ley. El sistema educativo fue desarrollado e implementado por los aparatos del Estado, basados en la producción industrial. Una educación así les preparaba para luego trabajar en el sistema económico industrial: adquirían los conocimientos necesarios y la forma de funcionar, filas de mesas en orden mirando a un profesor que daba órdenes. El resultado eran personas leales al Estado, preparadas para trabajar en fábricas y como funcionarios o burócratas. Este fue el modelo que se adoptaría luego en todo Occidente.

La era de las telecomunicaciones y el nuevo conocimiento que ha dado lugar durante las últimas cuatro décadas a lo que se conoce como economía del conocimiento, requiere otro tipo de educación que lleve a otro tipo de habilidades en el trabajador. Como hemos visto en el epígrafe anterior, esto está dando lugar a desajustes y nuevas situaciones en los trabajadores, fruto de la transición hacia la nueva economía en la que nos encontramos.

La educación reglada tradicional ya no sirve para prepararnos en esta nueva economía, o al menos no sirve como antes; la incertidumbre y la necesidad de adaptación constante en un mundo rico en información y datos requieren de otro tipo de preparación.

En una interesante entrevista[31] realizada por el diario *El Confidencial* en 2013 a Laszlo Bock, responsable de Recursos Humanos de Google, este afirmaba lo siguiente:

> *"Tu habilidad para desempeñar tareas en Google no tiene ninguna relación con lo bueno que eras en la escuela, porque las habilidades que se piden en la universidad son muy diferentes".*

Google dejó de valorar el expediente académico como criterio de contratación hace algunos años. Esto habla de las nuevas habilidades que se le exigen a un trabajador en la nueva economía, y de la desconexión existente entre lo que se enseña en la universidad y el trabajo que se realiza en una compañía innovadora insertada en la economía y nuestro día a día.

---

[31] http://www.elconfidencial.com/alma-corazon-vida/2013-06-28/el-expediente-academico-no-sirve-para-nada-asegura-el-responsable-de-rrhh-de-google_501910/

Y es que la realidad tiene mucho más que ver con los problemas a los que se enfrenta Google –la segunda mayor compañía del mundo por capitalización– que los problemas que afronta un doctor o catedrático de universidad. Así de crudo.

Como dice el artículo citado:

"Necesitas a gente a la que le guste averiguar cosas para las que no hay una respuesta obvia, algo que no se entrena en la universidad. En opinión de Bock, la universidad sigue siendo un entorno artificial, una burbuja que premia a unos a otros en función de unos criterios que nada tienen que ver con lo que se pide en el entorno laboral. 'La gente que tiene éxito en la universidad', explica el responsable de RRHH de Google, 'es un tipo de gente específicamente entrenada para tener éxito en ese ambiente'."

Es decir, un catedrático es el que más sabe en el contexto del sistema universitario, que es un tipo diferente de conocimiento al requerido en la realidad fuera de aquel. Es la persona que más sabe sobre un tipo específico de respuesta para el que ha sido entrenado, pero que nada tiene que ver con el conocimiento y la respuesta necesarios en el mundo económico real.[32]

En una economía que dobla el acceso al conocimiento cada año y en la que el análisis de datos crece de manera exponencial, el desafío educativo oficial adquiere una complejidad mayor.

Y el desafío de la universidad es el desafío del trabajador. El trabajador del conocimiento –nombre acuñado por el gran Peter Drucker– se adapta al cambio acelerado producido por los avances tecnológicos, sobre todo en las telecomunicaciones, y la

---

[32] Recomiendo la lectura del artículo *10 preguntas imprescindibles que toda universidad de futuro se tiene que hacer*, del blog Sintetia: http://www.sintetia.com/10-preguntas-imprescindibles-que-toda-universidad-de-futuro-se-tiene-que-hacer/

globalización.

Para este nuevo trabajador se ha acuñado el término *knowmad*, un neologismo fruto del juego de palabras inglesas formado por *knowledge* (conocimiento) y *nomad* (nómada). Es decir, "nómada del conocimiento". El término fue acuñado por el investigador norteamericano John Moravec en 2008 en un minúsculo artículo titulado *Knowmads in Society 3.0. Retrieved*[33].

Un *knowmada* es una persona creativa, imaginativa e innovadora, capaz de trabajar con casi cualquier persona, en casi cualquier lugar, en casi cualquier momento. Los *kowmadas* son valorados por el conocimiento que poseen, y este conocimiento les da una ventaja competitiva en un entorno social y laboral nuevos.

Así como en la etapa industrial se requería que una persona tuviera un conocimiento muy específico, con un rol social único en el mismo sitio, los trabajos asociados con el conocimiento y la información son mucho menos específicos en cuanto al lugar y la tarea. Las nuevas tecnologías hacen que esos factores se tengan que reconfigurar y recontextualizar constantemente. Lo que sí es importante es apalancar ese conocimiento para resolver problemas concretos con independencia del rol social, el lugar o incluso la educación previa.

Este nuevo paradigma está provocando una transición de una sociedad y economía conectadas de manera lineal, mecanicista y determinista a un nuevo orden donde las relaciones se dan de manera no lineal, o caótica, y llena de incertidumbre, indeterminada.

En un entorno tan complejo y cambiante como el del nuevo paradigma económico, como trabajadores, necesitamos

---

[33] www.educationfutures.com/2008/11/20/knowmads-in-society-30

construir habilidades que nos permitan pensar de forma crítica y creativa, a la vez que procesamos de forma eficaz y efectiva la información de la que nos nutrimos, para tomar decisiones, saber gestionar situaciones conflictivas e incoherentes y trabajar en equipo.

El desafío es mayúsculo.

Se recogen 10 características en el trabajador de la nueva economía[34]:

1. No se restringe a una edad concreta.

2. Construye su conocimiento personal en base a información que absorbe y experiencias a corto plazo, y utiliza ese conocimiento para producir nuevas ideas.

3. Está capacitado para aplicar esas ideas de forma contextual.

4. Muy motivados para colaborar. Son *networkers* naturales y están acostumbrados a navegar por nuevas organizaciones, culturas y sociedades.

5. Usan las nuevas tecnologías para ayudar a resolver problemas y trascender las barreras geográficas.

6. Están abiertos a compartir lo que saben e invitan a otros a hacer lo mismo.

7. Pueden desaprender tan rápido como aprenden, adoptando nuevas ideas y prácticas si es necesario.

8. Se mueven en redes de trabajo y organizaciones no jerárquicas.

9. Desarrollan hábitos para aprender continuamente.

10. No tienen miedo a fallar.

---

[34] *Knowmad Society*, Education Futures. John Moravec (ed.), 2013.

Y se le exigen las siguientes siete habilidades:

1. Pensamiento crítico.
2. Buscar, sintetizar y disipar la información.
3. Creatividad e innovación.
4. Colaboración.
5. Aprendizaje contextual.
6. Capacidad de marcar su rumbo, emprendimiento.
7. Habilidades comunicativas.

La *knowmad society*[35] estima que para 2020 el 45% de la fuerza laboral de Occidente corresponderá a *knowmadas*. Si miramos el conocido estudio realizado por la empresa norteamericana Intuit en 2010, se estimaba que en 2020 los *freelances* van a superar el 40% de la fuerza laboral mundial.

En la actualidad este porcentaje es del 38%, estando a la cabeza Asia, pero nuestro espejo, Estados Unidos, tiene el mismo porcentaje y va en aumento.

Los datos son coherentes y se va confirmando el incremento. El nuevo paradigma económico hace que haya menos empresas medianas y aumenten las pequeñas y los *freelances* y las grandes corporaciones, las cuales, por otro lado, se asegura en otros estudios, cada vez van a contratar más parte de sus proyectos con este tipo de trabajadores.

El tejido empresarial cambia, la forma de trabajar también y, por supuesto, la manera de informarnos.

No hablamos ya de emprender, sino que la economía hacia la que vamos nos exige autoemplearnos. No podemos esperar a que una empresa nos contrate como antes, sino que tenemos que tomar la iniciativa de diseñar nuestro puesto de trabajo y

---

[35] https://educationfutures.com/

trabajar para esas compañías, que es diferente. En el pasado las relaciones de trabajo eran estáticas, pero eso ha cambiado para siempre, por esa razón es necesario diseñar tu propio trabajo. No lo digo yo, lo dicen los datos. Un 40% de los trabajadores *freelance* es una cantidad enorme de trabajadores. Si quitamos los funcionarios –trabajadores públicos– el porcentaje es mucho mayor.

El talento individual cada vez es más importante. Lo que uno sabe y es capaz de apalancar mediante tecnología y procesamiento de información, lo hace más *empleable* que al resto, y eso le da una ventaja competitiva. Las reglas de juego de competencia, que antes solo se estudiaban para las empresas, ahora hay que aplicarlas a los trabajadores. Cada uno de nosotros somos una *Sociedad Multinacional Unipersonal*.

Veamos algunos ejemplos concretos de este cambio.

Uno de los primeros sectores que se vieron afectados por la entrada de internet fue el de las agencias de viajes. La escalabilidad de un portal en internet frente a tener oficinas físicas con personal es evidente. Lo que ha ocurrido es que las oficinas han ido desapareciendo, sobreviviendo únicamente aquellas que se han hiperespecializado y las que vemos en los grandes espacios comerciales. En lugar de ir a una oficina te informas en internet. Aquí también han aparecido un nuevo tipo de *knowmada,* el bloguero reportero, personas que viajan muchísimo y explican cómo moverse por el mundo de la mejor manera con consejos prácticos. El caso más conocido es el de Chris Guillebeau[36], quien durante años ha trabajado con un ordenador portátil mientras viajaba por todo el mundo, visitando todos los países varias veces. Es un caso especial porque tiene varios *bestsellers,* pero resulta curioso que en todos ellos hable del diseño profesional de cualquier persona en el mundo. El

---

[36] http://chrisguillebeau.com/

primero fue *100$ Startup* y el último *Born For This: Find The Work You Were Meant To Do*. Ninguna casualidad en relación a lo que hemos visto sobre el trabajo en la nueva economía.

En habla hispana tenemos dos ejemplos, Ángel Alegre, del blog *Vivir Al Máximo*,[37] y Antonio García, del blog *Inteligencia Viajera*[38]. Uno informático en Microsoft y el otro arquitecto, decidieron cambiar su vida por su proyecto personal y lo han conseguido. Son el arquetipo extremo de *knowmada*.

Ellos adquieren conocimientos en cualquier lugar, con su experiencia y apalancándose en la tecnología la comparten con otras personas, que acuden a sus blogs para informarse. Ambos se ganan la vida con cursos, como consultores y vendiendo infoproductos.

Pero como en el caso de las agencias de viajes, ha pasado con los medios de comunicación, editoriales, librerías, industria textil, construcción, marketing, fotografía, diseño, intermediación financiera, profesiones liberales y un largo etcétera. En casi todos ellos tengo familiares o amigos que se han tenido que reciclar y ahora trabajan como *knowmadas*. Periodistas que se han reconvertido en consultores de información visual, trabajadores de empresas textiles que han montado sus propios talleres tipo *boutique*, editores que se han pasado al canal *online* a través de proyectos colaborativos, arquitectos que han pasado a diseñar mobiliario personal en su propia web... y otros que han fracasado en su primer intento pero siguen formándose en habilidades específicas y continúan intentándolo. Muy pocos se han quedado en casa esperando una llamada de alguna empresa para la que son desconocidos.

Todos ellos han tenido que ser creativos, aplicar la imaginación para innovar, abandonar sus puestos de trabajo en

---

[37] https://viviralmaximo.net/
[38] https://inteligenciaviajera.com/

una oficina y han sido capaces de trabajar con muchas personas nuevas de otros ámbitos, en lugares diferentes, con horarios y en días que antes no imaginaban.

Conceptos como "marca personal" o "marketing de contenido" se están instalando en el imaginario colectivo. Hacen referencia al marketing que antes se desarrollaba solo en las grandes empresas y que ahora es necesario a nivel personal. Antes esperabas a que te llamaran, ahora tienes que demostrar por adelantado qué es lo que sabes hacer, y entonces serás empleable. Una vez más, la *Sociedad Multinacional Unipersonal* y la nueva economía.

Compras libros en Amazon, ropa en H&M, billetes de avión en Skyscanner, gestionas tu dinero desde tu ordenador o una aplicación en tu *smartphone*, lees noticias a través de alguna red social, ves tus series favoritas en Netflix o Popcorn, escuchas música en Spotify y te informas por medio de tu blog o *site* favorito. ¿Qué razones tienes para pensar que tu sector no va a ser destruido y tú no vas a tener que cambiar y adaptarte para participar de su transformación?[39]

En esta nueva economía del conocimiento todo está siendo transformado. Las reglas que rigen la economía han cambiado y la manera de informarse y formarse un juicio también.

La forma más adecuada de conocer los cambios económicos y ¿cómo nos afectan a nivel personal en nuestras vidas es a través de la lectura diaria de blogs, en concreto de los relacionados con la economía; los econblogs. Esto no quiere decir que sean el mejor medio, *sino el más adecuado*. Un blog nunca va a poder sustituir un buen libro, un buen reportaje de una revista o

---

[39] Habrá que ver dónde se ubican los sindicatos, un 40% de trabajadores autónomos que va en aumento, deja su representatividad en algo marginal, a no ser que entiendan los cambios de la nueva economía y representen a los trabajadores de una forma totalmente diferente.

periódico independiente o un buen *paper* de investigación. Sin embargo, es el medio que mejor se adapta a los cambios de la nueva economía y sigue sus principios. En el capítulo siguiente lo veremos con detenimiento.

Diluir rentas para generar rentas

Es uno de los elementos fundamentales de nuestra economía que sin embargo no se tiene en cuenta, o mejor dicho, solo se entiende cuando se ve desde la barrera, cuando les toca a otros.

Es el alma del funcionamiento de nuestra nueva economía, fruto de la aceleración del motor que la mueve, la destrucción creativa.

Se compone de cuatro fases:

1°. *Se crea una renta*

Se produce cuando se introduce una innovación socialmente útil para los consumidores y no puede ser sustituida. La industria creadora y sus complementarias crean riqueza, generan rentas para sus participantes.

2°. *Se adopta masivamente*

Es la etapa en la que se empieza a copiar y pasado un tiempo empieza a diseminarse. Nuevos agentes quieren entrar a participar de la generación de renta.

3°. *Se diluye la renta*

La renta creada con la innovación introducida inicialmente se destruye por dos motivos: porque algunos encuentran formas de reproducir la innovación con recursos abundantes y debido a que alguien ha descubierto una innovación que mejora la anterioro la reproduce a un mejor precio (ley del precio único universal).

4°. *Se crea una nueva renta*

La dilución de renta hoy genera nuevas rentas mañana. Se destruye riqueza para crear todavía más riqueza.

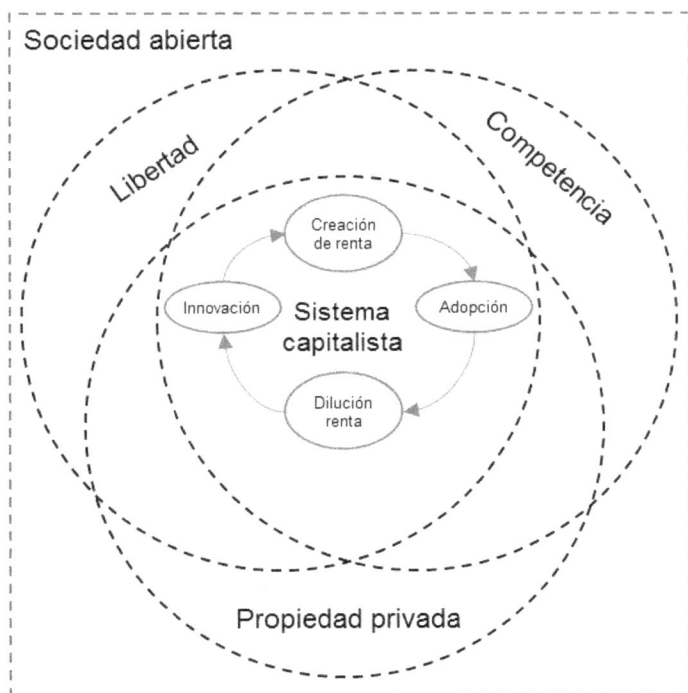

Para que funcione el sistema se necesitan libertad y competencia (sociedad abierta), propiedad privada (instituciones) y capital (conocimiento). Solo así hay incentivos para que se innove, se creen rentas (riqueza) y luego se destruyan en su adopción masiva. Sobre ello influyen las tecnologías y la cultura, que cambian con el tiempo y son determinantes para aplicar el conocimiento.

El uso y aplicación de las tecnologías de la información y comunicación (TIC) está provocando que se ponga en entredicho una buena parte de las teorías económicas existentes. Algunos ejemplos:

- El ser humano no se puede considerar un agente racional, la misma persona de la época industrial, que se comporta de forma pasiva y gregaria y sin influencia en la demanda, porque es a la vez consumidor y productor y porque elementos como el efecto red amplifican su influencia hasta límites significativos.

- El capitalismo de hoy ya no puede explicarse en términos de economía industrial clásica. La distribución de la información, la red distribuida, las diferentes formas de propiedad y la colaboración por encima de la competencia para crear y abastecer la demanda de nuevos nichos.

- Las empresas, el mercado y los estados están cambiando su fisionomía. El trabajo es cada día más volátil, cada vez hay más trabajadores independientes, las empresas contratan cada día a más *freelancers* y el Estado debe ser repensado para responder a estas realidades.

- Hay que revisar los principios de macroeconomía porque la globalización total y el papel de los países emergentes no los siguen, están cambiando. Solo hay que pensar en cómo ha afectado y distorsionado China al resto de economías y en la vida de cualquier pequeño comercio (están desapareciendo) o en nuestras vidas.

- La tecnología está automatizando muchos trabajos y un gran número de ellos desaparecerá porque es más barato y eficiente hacerlo con autómatas. Las labores repetitivas, mecánicas y que puedan ser sustituidas por una máquina con un *software* desaparecerán.

La globalización, las nuevas tecnologías y la aplicación del conocimiento tienen un impacto sobre las instituciones fundamentales del capitalismo que no tiene discusión.

Propiedad, Estado, empresa, mercado y trabajador deben adaptarse y repensarse.

Hemos visto en páginas previas el caso del PIB. Pero sucede con muchas otras variables clave en la información que nos transmiten a diario y las decisiones sobre política económica. Esto hace que tu visión sobre la economía sea confusa y te cabrees. Por eso la toma de decisiones es compleja y tomar un riesgo se hace más difícil. Vas a tener que cambiar de trabajo y adaptarte mucho a lo largo de tu vida, así que esto no es un tema menor, sino que es sumamente importante para poder interpretar correctamente los escenarios a los que te vas a tener que enfrentar.

Muchos economistas de renombre internacional ya se han manifestado al respecto[40]. Curiosamente son el minúsculo y heterogéneo grupo de economistas que predijo la crisis iniciada en 2007.

Como puedes imaginar, en la prensa nadie les dio voz y fueron silenciados, a nosotros solo nos llegaban palabras como "ralentización" o "todo es robusto y perfecto".

El problema de esto se traduce en políticas estériles cuando no contraproducentes (como ahora con los bancos centrales) que se convierten en herramientas obsoletas que no funcionan. Para muchos esto sigue siendo una economía de plátanos y cocos o de "trigo y acero"[41], a lo Robin Hood.

Solo por poner un ejemplo, aspectos como el *software* libre y la propiedad compartida (*Creative Commons*) son todo un desafío para la teoría convencional, pues contradicen la famosa

---

[40] Son conocidos Joseph Stiglitz, George Soros, Dani Rodrik, Steve Keen, Joel Mokyr y ha surgido toda una serie de organizaciones que trata de exponer metodología alternativa.
[41] http://www.wsj.com/articles/joel-mokyr-what-todays-economic-gloomsayers-are-missing-1407536487

Teoría de la firma del Nobel Ronald Coase, donde existen unos costes de transacción que en este caso desaparecen.

Las nuevas tecnologías de la comunicación, la economía-red, se basa en organizaciones desestructuradas y relaciones de red distribuida o descentralizada. Estos son desafíos para el conocimiento económico; el conocimiento del "ser" y del "hacer".

Ahora

Todo comienza por entender que la economía actual es radicalmente diferente de la que hemos vivido en las décadas anteriores. Tiene poco que ver con la historia que nos cuentan en los medios, las instituciones encargadas de la política económica (gobiernos) y la mayoría de las instituciones educativas.

Escuchamos un relato de una realidad que ya no existe. Ha sido superada. Pero diferentes intereses y la ceguera inmovilista de algunos sectores dificultan su descripción y explicación.

Vivimos en un mundo más global, donde la mayoría de las industrias se han tenido que reinventar o están en ello, donde tenemos que competir con otros países con mano de obra mucho más barata, donde cualquiera puede acceder a educación, donde se han creado superestructuras burocráticas extractivas que viven de las clases medias que soportan entre un 60% y 80% de sus ingresos en impuestos (sumando directos e indirectos), donde los bancos centrales toman las decisiones sobre el dinero mundial y donde los gobiernos se hiperendeudan sin rendir cuentas.

Por si fuera poco, en los países occidentales la población está envejeciendo y la tasa de reposición de trabajadores cada vez es menor, con lo que el paradigma de bienestar social va a ser completamente diferente al que hemos conocido.

Hace años para ir de vacaciones nos acercábamos a una agencia de viajes, ahora miramos un comparador de precios en internet y hacemos una transferencia. Para escuchar música esperábamos a un disco de 12 canciones y lo pagábamos (y no era barato), ahora escuchamos todos los miles de discos que queramos de forma gratuita o a un coste marginal despreciable en *streaming*, antes comprábamos el periódico y ahora leemos el *timeline* de noticias en una red social o en un agregador de noticias mediante RSS, no hace tanto tiempo llamábamos al banco para invertir en acciones y ahora lo hacemos por precios ridículos en algún *broker online* y un largo etcétera. Ahora lo están sufriendo sectores que se salvaron de la quema por el poder que ostentaban y su influencia en las decisiones de orden político; la banca está empezando a sufrir un cambio inevitable en favor de la banca *online* y nuevos actores de la desintermediación –las empresas *fintech*– y en un futuro veremos cosas parecidas con otros sectores intocables como la sanidad, cuando dispositivos móviles hagan de médicos y puedan diagnosticar enfermedades y problemas.

Y no sigo.

¿Cuándo podemos concretar este cambio?, ¿qué acontecimientos lo han hecho posible?, ¿en qué momento comenzó este giro copernicano?

Dar una fecha y un acontecimiento concretos es tarea siempre subjetiva y limitada. Suelen ser el producto de una concatenación de sucesos en el tiempo que se retroalimentan.

El economista Fernando Trías de Bes da una fecha y cuatro acontecimientos en su libro *El gran cambio*[42] que me parecen acertados y tremendamente ilustrativos y gráficos.

---

[42] *El gran cambio*, Fernando Trías de Bes, 2013. Barcelona. Ed. Temas de Hoy.

Este gran cambio comenzó en el año 2001.

En el año 2001, en tan solo un intervalo de tiempo de cuatro meses, se dieron los siguientes eventos:

1) Finalización de la burbuja puntocom y aparición de la banda ancha (febrero).

2) Atentado de las Torres Gemelas y bajada de los tipos de interés de la Reserva Federal con política monetaria expansiva como nunca antes se había visto (septiembre).

3) Entrada de China en la Organización Mundial del Comercio (septiembre).

4) Cesión de los estados de Europa a un único organismo de su política monetaria: el Banco Central Europeo (diciembre).

Estos son los cuatro elementos aceleradores del cambio económico que hoy vivimos, que nada tiene que ver con la que conocíamos hasta entonces.

El hundimiento en bolsa de las empresas puntocom provocó que las empresas del sector tuvieran que convertirse en verdaderos modelos de negocio creadores de riqueza. Había mucho humo, pero este acontecimiento drástico aceleró esa evolución hacia modelos de negocio que fueran realmente rentables en la nueva economía digital.

A la vez apareció la banda ancha. Hecho olvidado en los análisis convencionales, pero probablemente el más importante de todos.

Hasta entonces enviar un *email* o abrir una página era un auténtico dolor de muelas, tardaba muchísimo, no se podían enviar documentos con peso y salía caro. No resultaba competitivo, no podía rivalizar con los modelos tradicionales existentes. No era escalable. Seguíamos yendo a las agencias de viajes, comprando CD de música, enviando fax y yendo al kiosco por el periódico.

Pero con la aparición de la banda ancha esto cambió radicalmente. Internet podía competir, ser más eficaz, escalable y rentable.

Piensa en tus hábitos diarios, dentro y fuera del trabajo, y recuenta cuántos dependen de la banda ancha. Te sorprenderás.

En septiembre tuvieron lugar los atentados de las Torres Gemelas y las bolsas se hundieron. Veníamos de la caída en los parqués de las puntocom y de una ralentización económica. El atentado aumentó la preocupación por una recesión y la Reserva Federal decidió bajar los tipos de interés hasta el suelo e inyectar dinero en la economía. Teóricamente era una medida temporal, pero se convirtió en permanente. Luego Europa hizo lo mismo. Y fue la forma de huir hacia adelante para salvar los problemas de una economía en transformación. En lugar de afrontar el problema real los gobiernos y estructuras burocráticas prefirieron darle a la máquina de dinero para salvar sus mandatos. Su mentalidad: el que venga luego que coja la patata caliente.

Tan solo seis días después de los atentados de las Torres Gemelas se aprobó la entrada en la OMC de China, una aprobación que llevaba negociándose 15 años. Los acontecimientos de aquel año parece que aceleraron el proceso.

El problema aquí, como bien señala Trías de Bes, es que la entrada de China se hizo de forma prematura, y con ello entramos en una "hiperglobalización prematura". La economía de mercado y competencia mejora el bienestar y progreso, pero con una premisa: las economías en competencia y comercio no deben tener diferencias abismales en sus condiciones laborales, legislativas, de apertura, etc. Occidente pensaba que iba a expandir su actividad hacia el gigante asiático y mejorar la situación de ralentización, pero le salió el tiro por la culata. Año tras año Occidente importa más de lo que exporta a China y la economía sumergida y de pirateo que vende esta al resto del mundo supone ya el 20% del PIB de Estados Unidos.

Por último, tenemos la puesta en marcha de la moneda única en Europa, que empezó el 1 de enero de 2002 –recuerdo que esa Nochevieja se podían pagar los cubatas en pesetas y euros– y la cesión de la soberanía monetaria de cada país de la Unión Europea a otra institución, el Banco Central Europeo, sin una hoja de ruta por si salía mal y sin consolidación fiscal.

Así tenemos ahora un monstruo burocrático lento, lleno de gente mediocre y que decide de forma homogénea por cada uno de los estados miembros, con todas las diferencias, velocidades y particularidades de estos.

Estos acontecimientos describen el nuevo paradigma económico: globalidad, interconexión, efecto red, endeudamiento salvaje, irresponsabilidad política, nuevas tecnologías, destrucción creativa acelerada, reordenación de las industrias y nuevos actores económicos con otras reglas de juego.

En realidad fueron el punto de partida de algo que se estaba cociendo desde largo tiempo atrás. Fue el punto de no retorno, el momento en el que lo que está cambiando ya no tiene vuelta atrás, solo puede ir hacia adelante.

La crisis *subprime* de 2007 y lo que desencadenó, primero a nivel financiero y luego a nivel económico general, solo es una consecuencia de todo lo descrito anteriormente. Se fue dando una patada hacia adelante a una bola que cada vez se hacía mayor.

Las políticas económicas convencionales ya no sirven, porque la economía es otra. Por eso es tan importante entender el cambio de paradigma económico. Entender qué políticas económicas son adecuadas es totalmente secundario. El debate de los medios, de los expertos y académicos es ridículo. No tienen perspectiva. Es asombroso.

¿Cuál es esta *otra* economía?

El nuevo paradigma económico que nos toca vivir se caracteriza por tres elementos muy diferenciados: economía-red y sociedad-red, globalización total y dilución de rentas.

La economía-red que ya está instalada está construyendo una nueva sociedad-red, paso que lleva más tiempo. Pero no cualquier red, una red distribuida que es la que da verdadera fuerza al conjunto de agentes y ciudadanos. En realidad es una mezcla de redes centralizadas (Facebook, Twitter, Google, Amazon), redes descentralizadas y redes distribuidas como la blogosfera. El efecto red tiene enormes consecuencias en el funcionamiento de la economía y los mercados.

La globalización total o hiperglobalización hace más compleja la supervivencia de las empresas, sobre todo de las medianas, pues tienen que competir a nivel global y local en una economía sin peso (digital) que requiere de enorme talento y conocimiento renovado.

Esta globalización hace posible que el conocimiento se propague de forma rapidísima a todas las partes y se desarrolle en los lugares más propicios para ello (es eficiente asignando recursos), elemento que está haciendo que se desarrolle toda una industria de innovación de autómatas y *softwares* de inteligencia que van a hacer que los puestos de trabajo más mecánicos desaparezcan con el tiempo.

Los estados van a tener que adaptarse y reconfigurarse. Son demasiado pequeños para competir en un mercado global y demasiado grandes para hacer frente a los problemas de la población y las empresas. Van a tener que reconfigurar su relación con los mercados y la ciudadanía, que cada día participa más del debate público porque dispone de más información. Además, tienen que hacer frente al desafío multicultural y a los movimientos migratorios en un contexto de cambio generacional, donde una gran parte de su soporte financiero y viabilidad económica a medio y largo plazo pasan por que la solidaridad intergeneracional que sostienen, entre otros, el sistema de pensiones públicas en particular y el Estado del Bienestar en general, en estos momentos está en duda.

Consecuencia de esta globalización total tenemos el precio único universal. Hay un precio único para bienes y servicios homogéneos. O eres diferente y aportas valor o eres barato. No hay elección. Al final todos acabamos comprando ropa elaborada en India y Bangladesh, productos básicos para casa fabricados en China, bienes distribuidos por empresas logísticas sin establecimiento físico, o servicios y bienes de ocio como el cine, la lectura o la música que no proceden ni de salas de cine, ni de librerías ni por supuesto de tiendas de música.

La automatización va en esta dirección. Al haber un precio único universal para bienes y servicios homogéneos, se va automatizar todo lo que se pueda porque es más barato y eficiente.

La dilución de rentas en ese proceso circular o iterativo de destrucción creativa, que en el nuevo paradigma económico se produce a mayor escala, velocidad y no solo afecta a las empresas, sino también a los trabajadores de manera individual. Se generan rentas por posesión o transacción en la generación de bienes o servicios. Posteriormente se expande la adopción de esos bienes o servicios, momento en el que se empiezan a diluir las rentas de los primeros en beneficio de los segundos hasta que terminan por desaparecer y vuelta a comenzar. Es algo que se ve con mucha claridad en el mercado de trabajo: la reorientación laboral, la adopción del conocimiento, el trabajo *freelance* y en general lo que hemos visto como conocimiento nómada. Estas es solo una de sus expresiones.

Los tres elementos descritos, además, van acompañados de otros tres procesos complementarios: la meritocracia generalizada, la innovación permanente y la sociedad abierta.

Progresar y disfrutar de bienestar material está cada vez más unido al mérito en lo que uno hace, más allá de factores como de dónde procede o los títulos que tiene. En este sentido vamos hacia una economía más *resultadista* y aquellos que sean capaces de dar soluciones concretas a problemas concretos se verán beneficiados y ascenderán en la socio-economía. El conocimiento aplicado al ser nómada, generar rentas que se diluyen y exigir una innovación permanente, la (auto)formación continuada, la toma de riesgos y la actitud van a determinar el bienestar personal por encima de los títulos universitarios o de su pertenencia a grupos privilegiados.

La innovación permanente es otro de los procesos obligados que se están viendo. O innovamos permanentemente o llegará un momento en el que nos veremos apartados a todos los efectos. Lo que antes solo ocurría en las empresas (y estados) ahora también pasa a las personas con su recurso material (e intangible) más preciado; su trabajo.

El tercer proceso es la sociedad abierta. Todas las economías que funcionan están asentadas en una sociedad abierta. Ya no existen sistemas alternativos al capitalismo como en antaño, porque no han funcionado. Ahora lo que se dan son diferentes tipologías de capitalismo asentadas en diferentes sociedades por su grado de apertura y aspecto sociocultural. Este hecho que ahora no parece tan importante, hasta la caída del Muro de

Berlín en 1989 era algo inimaginable; había dos sistemas económicos en lucha en todos los sentidos, el capitalista y comunista (o socialismo de mercado) y en última instancia nadie tenía la certeza de cuál acabaría imponiéndose. Ahora esa confrontación de ideas, de visión, de proyección, de construcción de realidad ya no existe. Todo lo que funciona es lo occidentalizado. Es lo que se ha venido a llamar el "Fin de la Historia"; el final de la lucha de ideas para construir una idea. La lucha ha terminado y la Historia, desde esa perspectiva, se ha terminado.

Todo esto se encuentra en un momento de *impasse* entre el viejo orden y el nuevo orden. Tenemos un pie en un sitio y otro en el siguiente. Nos estamos amoldando a un nuevo orden económico, social y cultural, que todavía se está formando, se está creando.

La ciencia económica también tiene un gran reto, el de evolucionar en sus herramientas analíticas para poder interpretar correctamente lo que sucede y por qué sucede en la nueva economía y tener capacidad para tomar decisiones que beneficien a todo el conjunto de agentes de mercado (personas, empresas y estados). Se encuentra ante una economía en el que lo intangible va cobrando mayor peso en la *producción* y en la que los costes marginales de tal producción tienden a cero en muchos elementos. Es lo que sucede en la economía digital o con la innovación permanente de las TIC, los sistemas de conocimiento abierto *open source* y la economía colaborativa.

A eso hay que añadirle que debe ser una ciencia humanista que se centre en la persona concreta y libre con capacidad para modificar su entorno en su propio beneficio. Tal vez un humanismo 2.0, pero un humanismo.

La nueva economía también es paradójica, nos enfrentamos a paradojas y problemas que no tienen una solución sencilla ni lineal. Ahora, por ejemplo, nos encontramos con el problema de tener que elegir cómo gestionar la parte financiera que nos asegure una tercera edad digna. Entre delegar esa función a una seguridad pública desconocida o una gestión personal. Los problemas intergeneracionales, de estructura de población, de superendeudamiento de los estados occidentales y la emergencia de nuevas economías nos mostrarán en unos años que ya no habrá opción, porque no habrá seguridad pública para ello.

Ahora veamos los cambios profundos que están provocando en las instituciones básicas del capitalismo la necesidad de una transformación.

Propiedad.

Existe una propiedad privada de bienes tangibles que sigue igual que siempre, pero ya aparecen elementos en el funcionamiento del sistema que están cambiando, como la economía colaborativa, en la que se sustituye la propiedad por la utilidad. El usar en lugar de el tener. La propiedad se comparte. Algo que ha dejado de ser un fenómeno para convertirse en un elemento fundamental para entender el funcionamiento de la economía. En España comenzó a desarrollarse en 2012 en el sector turístico y luego ha ido expandiéndose a gran velocidad a otros sectores como finanzas, transporte, logística y educación.

Por su parte la propiedad *intangible*, básicamente la propiedad intelectual, también está cambiando y ha evolucionado a diferentes formas. De ahí las licencias *Creative Commons*, en las que cada persona decide cómo se distribuye y comparte el conocimiento que crea. Existe toda una gama de licencias que posibilita una mayor cantidad de creaciones e innovaciones por el efecto red, desde el *copyright* restrictivo al *copyleft*, donde se puede utilizar todo sin necesidad de reconocer nada. Posibilita que la propiedad se multiplique. En este sentido la propiedad también cambia como en los bienes tangibles y, por lo tanto, afecta al funcionamiento del sistema económico, siendo uno de los elementos claves de la nueva economía, del nuevo paradigma.

Empresa.

La rápida innovación y la aceleración del proceso de destrucción creativa, mezclados con la globalización total y los medios de información y comunicación, hacen que vayamos a una economía de muy grandes y muy pequeños. Como ocurre con la clase media, las empresas medianas lo van a tener cada vez más complicado. Como sucede en los estados, son muy pequeñas para competir a nivel global, que es de donde viene su competencia, pero demasiado grandes para competir en mercados locales con los pequeños por la rigidez de sus estructuras y costes asociados.

Es una economía de gigantes y satélites. Se ve en las nuevas industrias que están disrumpiendo con internet; desde la industria de los medios de comunicación a la última disrupción que se está dando en el sector financiero. Solo los dos primeros salen en la foto, y el resto a sobrevivir con migas. Alrededor de ello surge toda una industria de proveedores de servicios y bienes que la alimentan. Piensa en la industria que quieras.

Aunque no es una institución básica en sí mismo, el trabajador está transformándose y adaptándose al nuevo paradigma. Los trabajadores cualificados y móviles saldrán ganando en detrimento de los que no se forman y no son flexibles.

Mercados.

La fuerza de un sistema económico abierto está en su capacidad de recoger, compilar y distribuir la información del mismo, liberando toda la energía creativa que genera innovación: de esta forma crea mercados organizados.

No hay un solo mercado, sino varios que derivan de dos: el de trabajo y el de capitales.

Los mercados también se están transformando, hay muchos desafíos. Uno que resalta por encima del resto es el mercado de lo digital. Los costes de generación y transacción se reducen casi a cero una vez desarrollados, debido a la palanca tecnológica. Es lo que algunos autores llaman "coste marginal cero", que afecta a industrias enteras (generación de rentas por intermediación) y a la propiedad y uso del conocimiento.

La bajada de los costes de transacción también está dando lugar a nuevos y diversos mercados de diferente naturaleza.

Como ya hemos visto, los economistas tienen una labor de reajuste en sus teorías explicativas y medidas de valoración, como ocurre en el PIB. ¿Cómo se mide la generación de riqueza e innovación que produce la bajada de precios de muchos de estos bienes? Hay una parte intangible enorme que este tipo de medidas convencionales no tienen en cuenta porque se centra en la parte finalista de la producción, fruto del enfoque industrial que ya hemos superado.

Por otro lado, la globalización de las últimas décadas ha mejorado el nivel de vida de la población mundial y en el largo plazo hay más ganadores que perdedores, por lo que la distribución de la riqueza generada está siendo desigual. Beneficia mucho a los países en vías de desarrollo y emergentes, pero está perjudicando a las economías más maduras, como la estadounidense, la europea y Japón. También por otro lado está drenando la generación de riqueza del mercado de trabajo en beneficio del mercado de capitales; las rentas del capital están aumentando en detrimento de las del trabajo.

Los países emergentes se ven beneficiados por las rentas del trabajo, pero perjudicados en las rentas de capital, puesto que allí los mercados dejan mucho mayores márgenes debido a la ineficiencia, escasa adopción y a poca transparencia de los mismos.

Estado.

El Estado es la institución básica cuya adaptación es más compleja. Las decisiones se toman cada vez en mayor medida en organismos superiores globales (España, por ejemplo, supedita muchas de sus políticas a la Comunidad Europea y al Parlamento Europeo) pero tiene que competir con multitud de países emergentes que les comen PIB y recursos.

Es difícil encontrar soluciones a corto plazo a problemas y amenazas concretos como la seguridad nacional, los recursos del medio ambiente o la energía, porque se requiere un consenso de una enorme diversidad de estados que lo hacen complejo y lento. Cada vez es más pequeño para enfrentarse a los problemas globales y más grande para resolver los problemas de sus ciudadanos. Este es un elemento importante porque la sociedad civil, y las empresas que se nutren de ella, crecen a un ritmo mayor de lo que lo hacen los estados y sus estructuras organizativas.

El capitalismo castizo de amigos cada vez lo va a tener más complicado debido a la competencia externa y a la información disponible en el mercado para los diferentes agentes. La extracción de rentas va a ser cada vez más complicada, a pesar del mayor control de los medios *online* y sus flujos de información.

Uno de estos agentes somos los ciudadanos, que cada vez participamos más en el debate público y la rendición de cuentas. La opinión pública cada vez tiene más peso. Gestionar eso en una institución tan cerrada es difícil porque no está acostumbrada a ello. Pero tendrá que hacerlo.

La gestión cultural, los movimientos migratorios con su mano de obra, la salida y captura de talento para innovar, la gestión financiera del Estado del Bienestar y la generación de unos ingresos públicos que cada vez van a ser más volátiles es todo un desafío, puesto que la gravación impositiva de las rentas del trabajo es cada vez más complicada por la alta movilidad, al igual que ocurre en los mercados de capitales.

Se estima que China superará a Estados Unidos como primera potencia mundial en 2029 y que India adelantará a Japón en 2031. En 2033 China, India, Rusia y Brasil parece que superarán al actual G7 en su P IB conjunto. Aunque el futuro es impredecible, parece probable que el sistema económico acabe dominado por los países asiáticos y una gran parte de los que hoy son emergentes. Las economías y democracias maduras de Europa, Estados Unidos o Japón y sus estados tendrán que adaptarse a un nuevo escenario.

Estos cambios en las instituciones básicas hacen que el sistema se vuelva más complejo. Vamos hacia una economía más compleja. Parece como si la complejidad resuelta en un lugar, resuelta por un avance tecnológico, tuviera que desarrollarse con mayor fuerza y despliegue en otro.

TÚ

Charles Mackay, un periodista escocés, publicó en el año 1841 una obra poco conocida fuera del ámbito de la inversión especulativa, pero fundamental. Se titulaba *Extraordinary Popular Delusions*[43] (la edición española se titula *Delirios populares extraordinarios y la locura de las masas*[44]). En ella narra los tres primeros y famosos sucesos de fiebre y ruina especulativas que se dieron en su tiempo: la fiebre de los tulipanes, el proyecto Misisipi y la South Sea Company. Es el primero que escribe sobre las burbujas financieras y psicología de masas. Describe cómo decidían y actuaban las personas, comprando activos –financieros o no– que se revalorizaban rápidamente hasta el absurdo y la posterior ruina de la mayoría de ellos. Lo fundamental del libro es que sigue vigente en nuestros días, ilustra cómo nos dejamos arrastrar por la opinión de la mayoría hasta la "locura de las masas".

Sentimiento de mercado = opinión mayoritaria

El primero que lo aplicó a los mercados financieros fue Humphrey B. Neill en los años 50. En su conocido libro *The Art of Contrary Thinking*[45] explicaba por qué la mayoría está equivocada en los puntos de inversión importantes: debido a que los precios son fijados por la multitud, cuando esa multitud se ha hecho compradora, ya no quedan suficientes compradores para mantener la tendencia alcista. Por vez primera vemos el concepto de *opinión contraria*. Como su aplicación práctica funcionaba, se comenzaron a hacer encuestas a los redactores de las cartas de los consejos de las empresas cotizadas. Esto es lo que hizo Abraham W. Cohen, un abogado de Nueva York que en 1963 lanzó un servicio llamado *Investors Intelligence* para

---

[43] *Extraordinary Popular Delusions and the Madness of Crowds.* Charles Mackay, Dover Publications. 2003. Nueva York.
[44] *Delirios populares extraordinarios y la locura de las masas.* Charles Mackay. Profit Editorial. 2009. Barcelona.
[45] *The Art of Contrary Thinking.* Humphrey B. Neill. Caxton Press. 1954. Idaho.

seguir las opiniones de los redactores de cartas. Cuando la mayoría de ellos se hacían compradores él vendía, y viceversa. Un año más tarde, James H. Sibbet lanzó el servicio de asesoría *Market Vane*, mediante el cual hacía la mismo que Cohen, pero además ponderaba las opiniones en función del número de suscriptores de cada uno de ellos.

Esto que se aplica al mundo económico de la inversión, también deberíamos aplicarlo al mundo económico de la información y en general a la formación de la propia opinión. Los inversores *"contrarían"*, detectan en qué momento se ha ido "del punto de equilibrio" la opinión convencional y encuentran una oportunidad de inversión, porque ese desequilibrio tiene que corregirse. Evidentemente, lo complicado es saber identificar este momento, pero la premisa básica es desarrollar una metodología propia con independencia de lo que diga la mayoría. En cuanto a la formación de nuestra opinión sobre una situación como puede ser la económica o el estado de las cosas en general (por ejemplo, la opinión y valoración de la actuación política) debería seguir esa lógica, en este caso la metodología propia es el desarrollo del criterio personal.

Tú.

Tener una visión personal del mundo.

Los medios de comunicación tienen su editorial, que marca la línea de publicación con los filtros que conforma. A eso hay que añadir que sufren una crisis económica brutal. El modelo de negocio de los medios de comunicación, como lo hemos conocido, está agotado. Su supervivencia depende de la banca, grandes *players* económicos, agentes políticos y sociales con mecanismos de presión y favores de otro tipo. Ellos moldean en buena medida nuestra opinión y la realidad que cuentan puede estar distorsionada. Esa distorsión moldea la opinión de grandes grupos de personas, de multitudes.

La llamada "economía del comportamiento" (*behavioural economics*)y las "finanzas conductuales" (*behavioural finance*) estudian cómo afectan los factores psicológicos, sociales, cognitivos y emocionales a las decisiones económicas y sus efectos en los precios y la asignación de recursos. Una parte importante se centra en estudiar la forma en que las decisiones individuales –y en su conjunto de mercado– son conducidas por la opinión pública y la influencia que tienen las estrategias del poder político, que tienen sus propios intereses (Teoría de la elección pública). Esto es igual para el poder económico y el poder de los *mass media*.

El principio de opinión contraria puede hacerte ver ese desequilibrio y poner los pies en el suelo. No obstante, tener una opinión contraria, y más en el mundo del dinero, resulta complicadísimo. Eres el raro de la clase. Por eso es tan lucrativo; tomas un riesgo elevado. Estas son las reglas que siguen los inversores de opinión contraria:

1. Cuando leas algo en los periódicos y noticias, ya ha pasado y es demasiado tarde.

2. Compra cuando todos quieren vender y vende cuando todos quieren comprar.

3. Nadie ve una burbuja cuando sus ingresos dependen de ella.

4. No te bases consejos y opiniones de otros.

5. Lo que es obvio para ti no es obvio para otros.

"Think against/out the box": la importancia de pensar contra la caja y fuera de ella.

El economista Daniel Lacalle cuenta en su libro *Nosotros, los* mercados[46] que cuando le contrataron en el *hedge fund* estadounidense Citadel uno de los más grandes del mundo, con activos gestionados por valor de 20,5 billones de dólares, el equivalente al PIB de países como Chipre, Bolivia o Paraguay fue una sorpresa inesperada, ya que era mayor y tenía menos experiencia que los otros candidatos. Posteriormente se enteró que fue debido a lo que los estadounidenses llaman *think against the box*; buscaban a alguien que pensara en contra de lo establecido.

En palabras del autor:

"En muchos casos, la carrera de economista, el máster típico, no ayuda porque las escuelas existentes se centran en la ortodoxia y en una visión uniforme y consensuada, casi diplomática de la economía. Tener éxito en un fondo de estas características requiere pasión por la economía, pero no ortodoxia ni análisis tradicional, y mucho menos estar de acuerdo con la opinión mayoritaria. Exige ver las cosas desde un punto de vista único, original, y cuestionar el status quo. (...) Por eso tienen tanto éxito los que vienen de fuera de la economía tradicional pero sienten pasión por ella, pues son personas que analizan y estudian las cosas con enorme detalle pero desde un punto de vista objetivo, único e independiente. Se trata de saber cuestionar las valoraciones de consenso, atacar con argumentos los dogmas y saber arriesgarse".

Pensar contra la caja, de forma diferente a la mayoría, es pensar de forma original. El criterio propio es único.

La fuerza de esto es impresionante. Una persona con criterio, con capacidad de desarrollar un criterio distinto al establecido

---

[46] *Nosotros, los mercados.* Daniel Lacalle. Deusto Ediciones. 2013. Madrid.

con argumentos objetivos, es una persona autónoma que decide de forma totalmente libre y muy difícil de engañar y ser arrastrada. Aunque es un camino difícil, muy difícil, navegar a contracorriente es duro e ingrato y en la mayoría de las ocasiones te sientes en tierra de nadie; liberal para los de pensamiento intervencionista, socialista para los de pensamiento neoliberal, institucionalista para los que están a la derecha, demasiado a la derecha para los de la izquierda, radical para los más conservadores, conservador para los más radicales... y así sucesivamente, porque por suerte no te encuentras en ningún grupo y siempre discutirás con todos.

Como le escuché una vez al escritor Arturo Pérez-Reverte, "las etiquetas se utilizan cuando falta altura intelectual".

Es la "espiral del silencio", una teoría de Elisabeth Noelle-Neumann[47] desarrollada en los años 70, en la que explica la interacción entre la opinión pública el consenso y el individuo; las personas ajustamos nuestra opinión personal a la de la mayoría y por medio del silencio de nuestra opinión nos adaptamos a esa mayoría. Es nuestra manera de adaptarnos a la comunidad.

"El individuo es testigo de una lucha entre posiciones opuestas y debe tomar partido, puede estar de acuerdo con el punto de vista dominante, lo cual refuerza la confianza en sí mismo y le permite expresarse sin reticencias y sin correr el riesgo de quedar aislado frente a los que sostienen puntos de vista diferentes. Por el contrario, puede advertir que sus convicciones pierden terreno; cuanto más suceda esto, menos seguro estará de sí y menos propenso estará a expresar sus opiniones. (...) en una opinión polarizada uno se afirma cada vez con

---

[47] Socióloga y politóloga alemana (1916-2014). Profesora emérita de la Universidad de Mainz.

más frecuencia y con más seguridad; al otro se lo escucha cada vez menos. Los individuos perciben estas tendencias y adaptan sus convicciones en consecuencia. Uno de los dos campos presentes acrecienta su ventaja mientras el otro retrocede. La tendencia a expresarse en un caso, y a guardar silencio en el otro, engendra un proceso en espiral que en forma gradual va instalando una opinión dominante."[48]

Por eso existe un "consenso de mercado" y casi todas las recomendaciones son "compra, compra" y no "vende, que esto se pone feo" o "las cosas están mal y existe peligro", y por eso parece que las crisis no las ha visto nadie ni se han podido prever y evitar. Esto es mentira. Una parte de los analistas ve las crisis, ve los peligros, ve los problemas venir, ve los riesgos y conoce las probabilidades de que se vaya todo al garete. Pero el consenso, la presión de determinados clientes, instituciones, poderes fácticos y filtros que condicionan a toda la cadena de análisis y publicación, hacen que se silencien las malas noticias, las malas recomendaciones, lo que no se quiere oír. Es la espiral del silencio que sufren las editoriales de los medios de comunicación cuando tienen que hablar mal de algo relacionado con un cliente publicitario, un accionista, un prestamista o el Gobierno de turno, es la espiral del silencio de los analistas de mercados financieros cuando van a publicar algo en contra de los intereses de un cliente, es la espiral del silencio de… aquellos con autonomía que quieren opinar algo en contra del *status quo* establecido, de lo conveniente, de lo alimentado en base a intereses.

Gracias a la apertura de las tecnologías de la información, como internet y todos sus desarrollos, y la consecuente bajada de

---

[48] *La espiral del silencio. Elisabeth Noelle-Neumann. Opinión pública, nuestra piel social.* Paidós Ibérica. Barcelona 2010.

las barreras de entrada, esto está cambiando poco a poco. Al menos existen personas que lo pueden hacer, a través de blogs personales, webs independientes y publicaciones que no rinden cuentas a nadie, que no dependen de la subvención del Gobierno, de la ayuda o del ingreso publicitario de un gran banco.

Como dice el economista Luis Garicano sobre su etapa como editor del blog *Nada es gratis*[49]; "No hay nada más importante que la independencia: no vale la pena escribir si no es para escribir libremente lo que uno piensa".

Tu visión personal

En una entrevista realizada[50] al escritor Hanif Kureishi, un gran novelista londinense de origen pakistaní, el entrevistador le preguntaba si es fácil ser escritor, si se puede aprender y si se puede enseñar. La respuesta de Kureishi es brillante:

"Un buen escritor tiene una visión personal del mundo, una visión muy fuerte. Eso es lo que necesitas para escribir, y eso lo tienes o no lo tienes. Mucha gente no lo tiene por mucho que haya leído o por muy inteligente que sea. Escribir tiene que ver con eso: una visión del mundo. Puede ser pequeña, pero debe ser personal, única. Y profunda. Y que interese a los demás, claro."

Esto es lo más importante para comprender la economía, las finanzas y en general la vida. Tener una visión del mundo única y personal es lo único que no te pueden arrebatar, es aquello que te hace libre, es aquello que te permite interpretar la realidad de lo que ocurre afuera y adentro. En definitiva, es lo único e

---

[49] http://nadaesgratis.es/
[50] *El País Semanal*, publicada el 7 de junio de 2015.
http://elpais.com/elpais/2015/06/05/eps/1433503401_687025.html

intransferible que te permite tener una explicación de la realidad, un criterio.

Y esto es el marco fundamental sobre el que gira el conocimiento personal, del mundo económico y el que necesitas para alcanzar cierta independencia financiera.

Necesitamos un modelo de realidad y este solo puede venir de nosotros mismos, con nuestras contradicciones, limitaciones y circunstancias.

De vez en cuando es necesario parar, sacar la cabeza, ver el bosque y el horizonte y pensar en la tranquilidad sobre lo que marca tu vida. No podemos ver con los ojos de otros, vemos con los nuestros, con todas sus imperfecciones. Coger otros modelos de realidad es comprar una visión ajena en lata y tratar de amoldarnos., Al final surgirán problemas de visión y distorsiones.

Tu modelo de realidad es tu visión personal del mundo. Para comprender la economía en tu vida diaria necesitas la necesitas.

Recuerda que el progreso no lo marcan los avances tecnológicos ni las políticas económicas ni ninguna otra institución: nace de las ideas y el conocimiento aplicado.

Visión del mundo → Ideas → Conocimiento Aplicado →
→ Progreso y Consciencia

INFORMACIÓN

Cuando comencé a plantear esta guía, me di cuenta de que tengo el sesgo de ser economista y probablemente hubiese elementos que se me escapasen a la hora de comprender por qué se hace tan complicado comprender la economía en el día a día. Por ello realicé tres preguntas a los contactos de la *newsletter* de mi blog[51], Facebook y Twitter. En Linkedin no lo hice porque casi todos mis contactos son economistas o gente del mundo de las finanzas. La primera de las tres cuestiones fue: ¿qué es lo que te confunde al acudir a los medios tradicionales, como el periódico y la televisión?

Recibí cerca de 500 respuestas. Profesionales de un amplio espectro de sectores e inclinaciones me escribieron de forma personal. Fueron reflexiones razonadas, pausadas. Todas estas personas comparten un denominador común: tienen espíritu crítico y son inquietas intelectualmente. También todas ellas tienen cierta formación y siguen los medios a diario.

El resumen de las contestaciones más comunes:

- Falta de rigor.

- Exceso de simplificaciones que conllevan riesgos.

- Búsqueda del titular rápido por encima de todo, sin las

---

[51] http://estrategafinanciero.com/

matizaciones necesarias.

- Buscan la justificación fácil e impulsiva. Una respuesta y la contraria. Esto es producido por la necesidad de informar rápidamente. La rapidez es enemiga de la reflexión y la profundidad.

- Uso de un lenguaje inadecuado, que a veces los mismos comunicadores no comprenden. Esto a su vez produce una utilización incoherente entre los propios términos utilizados dentro de una misma noticia.

- Información sesgada. Utilización de información parcial cuando les conviene. En ocasiones manipulación.

- Hasta hace poco no había espacios para profesionales con conocimiento que tuvieran una opinión contraria o crítica.

- Ponen el foco sobre lo noticiable, o lo que entienden que es noticiable según intereses diversos.

- El problema es que las personas no economistas, al no entender los términos que se utilizan, pierden el interés por la noticia y dejan de seguirla.

- Superficialidad, no se profundiza. Rellenan huecos con cosas triviales.

- Al principio eran independientes, pero luego pasaron a formar parte de grandes grupos empresariales y esa independencia desapareció.

- Falta de objetividad. La misma noticia en diferentes medios se presenta de forma completamente diferente.

- Uso de tecnicismos y anglicismos innecesarios.

Estas respuestas de no profesionales de la economía, aprobaron y reforzaron la inquietud que en 2006 me movió a buscar otra explicación de la economía y sus consecuencias en nuestras vidas.

Leer la información especializada en los periódicos, ver los acontecimientos que surgen cada día en la economía en las noticias de la televisión, escuchar a los contertulios de la radio, y luego hablar sobre ello con los amigos y compañeros del trabajo resulta complejo. Nos atiborran con tantos tecnicismos y conceptos diversos que resulta muy complicado saber dónde se encuentra cada cosa.

A los profesionales de la economía también nos pasa, ¿cómo no te va a pasar a ti?

Juzgar el blanco o el negro, el rojo o el azul, lo intervencionista o lo liberal es una pérdida de tiempo. Eso no te aporta nada. Esos debates están vacíos. Hace décadas, e incluso siglos, que fueron inventados y dogmatizados. Hoy el mundo es otra cosa. Esto funciona a otro ritmo, la economía ya no es "lo que solía ser".

Constantemente estamos escuchando afirmaciones del tipo *políticas keynesianas*, *expansión del gasto*, *políticas de crecimiento*, *austeridad*, *liberalización de los mercados* y un largo etcétera de términos y conceptos inconexos que los propios divulgadores generalistas no comprenden de verdad porque no los saben conectar y no entienden su esencia porque no saben dónde situarlos. En este caso el contexto es fundamental, por esta razón toda la primera parte del libro la hemos dedicado a tomar perspectiva.

La economía es el cuento de nunca acabar, siempre está haciéndose, superándose. Su destino no es otro que el de todas las ciencias humanas. No creo, por lo tanto, que los libros de la materia que publicamos sean válidos durante decenios y decenios. No existe ningún libro escrito de una vez por todas.

Por eso, este es un libro abierto, un punto de partida. Te doy unas cuantas herramientas analíticas y conceptuales, pero el relato te toca construirlo a ti.

La dificultad de adaptarnos a esta economía cambiante reside en dos problemas fundamentales. El primero de ellos es el de la perspectiva, al que hemos dedicado el capítulo anterior. El segundo es el de las escalas, que solo se hace evidente en la nueva economía, con su efecto-red global y los costes de transacción marginales cero.

¿Por qué es tan difícil tener una visión clara de los acontecimientos económicos?

Recuerdo los días de universidad en que cogía un periódico económico y no entendía una gran parte de las noticias. Al principio solía dejar el periódico al poco de ojearlo; conforme iba pasando la carrera, leía más contenido, y cuando se acabó podía leer una gran parte sin que fuera un peso insufrible sobre mi cerebro.

Algo parecido debe sucederte si no eres especialista en la materia: pones las noticias en la tele, en la radio, en internet o en cualquier otro medio y comienzas a escuchar frases del tipo "la prima de riesgo ha bajado", "el riesgo de impago financiero ha subido", "el porcentaje de deuda sobre el PIB puede alcanzar el 100%", "los agentes económicos", "las instituciones", "la política monetaria del banco central", "la cotizaciones sociales", "es un problema de demanda agregada" y un larguísimo etcétera de conceptos inconexos imposibles de asociar y entender.

La economía en sus fundamentos no es compleja; pero en sus fundamentos. El problema llega cuando la manera de comunicar y escribir sobre ella es errónea, sobre todo si no hay una labor pedagógica detrás. Ocurre lo mismo en los libros de texto universitarios de primer curso (o pregrado) y muchos potenciales alumnos abandonan la asignatura porque no la entienden, cuando el enfoque de esos libros es el verdadero problema, que a veces roza lo irreal.

A este *totum revolutum* de conceptos diferentes e inconexos hay que añadir que la economía lo abarca todo; nuestro día a día y nuestras actividades en general están impregnados de ella. Tiene efectos sobre nosotros, se materializa. Este es otro de los problemas: todo es economía. Desde la factura de la luz a las políticas monetarias del Banco Central, con todo lo que hay en medio; personas, instituciones, monedas, impuestos, créditos, empresas...

La economía tiene la enorme dificultad de la perspectiva. Los acontecimientos que se dan ahí afuera son una conjunción de miles de factores que acontecen al mismo tiempo; unos se conocen, otros no. Se trata de una heterogeneidad de elementos que se dan de forma sincrónica bajo una complejidad extrema.

Si eres de los que piensan que para ti es fácil valorar una información económica y tienes las cosas muy claras siempre, realmente eres un ignorante fácil de engañar. No te enfades, no eres el único, las personas tenemos una tendencia natural a preferir responder cualquier estupidez o afirmación errónea en lugar de pensar que no sabemos responder.

Te guste o no el tratamiento de la economía, aunque sea en un nivel elemental, se ha convertido en una necesidad básica para tu desempeño diario. La crisis económica iniciada en 2008 ha puesto de relieve lo *economizado* y *financiarizado* que está todo y hay que ponerse las pilas.

El lenguaje económico es obtuso; utiliza términos con significados muy precisos, pero poco familiares. La experiencia directa está más relacionada con el nivel de impuestos que pagas, el nivel de salarios, tus costes fijos, tus pequeñas previsiones mensuales en base a tus ingresos esperados, tu presupuesto para ir de vacaciones, un crédito para un coche con sus plazos y este tipo de cosas. Pero esto son materializaciones finales muy concretas de un vasto universo que hay por encima o por detrás. De aquí el problema de perspectiva, la dificultad de dar un sentido como un todo, saber conectar conceptos e informaciones diversas y formarte una composición de lugar. Si no tienes una base mínima es muy fácil que te lleve el torrente informativo tal como vaya, acabando acomodado en una postura ideológica dada.

El conocimiento aportado por la literatura económica también es curioso por otro motivo: produce un tipo de conocimiento que no es aplicable a nuestros problemas directos. Para que la literatura económica sea útil necesitamos dos tipos de conocimiento, el primero de ellos es aquel que se produce a un nivel más básico para que las personas y los agentes en general nos comuniquemos, el segundo es un tipo de conocimiento que solo puedes tener tú, no puede venir ningún experto a resolvértelo.

La literatura económica solo produce el primer tipo de conocimiento.

Cuando piensas acerca de los acontecimientos económicos, generalmente son hechos que ocurren a tu alrededor, como el desempleo, la situación de ventas de las empresas donde trabajas o acontecimientos más globales como el anuncio de bajada de tipos de interés, la subida de los impuestos o la situación económica de determinado sector. La literatura de la disciplina económica te provee de herramientas para interpretar esa información, para que comprendas cómo funcionan este tipo de acontecimientos.

El segundo tipo de conocimiento surge cuando tienes que elegir, por ejemplo, si invertir tus ahorros en un depósito, buscar otra empresa donde trabajar, seguir estudiando, alquilar o comprar una vivienda. En casi todas estas ocasiones no vas a tener a un experto dándote explicaciones y la información económica no te puede dar ese conocimiento implícito personalizado. Tu elección se convertirá en una compra, un préstamo, una renuncia, un acierto o un error. Producirá ganadores, perdedores o ambas cosas a la vez. El resultado de tus decisiones solo depende de ti. Por esta razón es tan importante que adquieras la perspectiva necesaria y comprendas en su contexto la literatura básica económica.

Una de las cuestiones esenciales es cómo mejorar esta literatura para la sociedad, porque es la que le permite tomar mejores decisiones, o al menos decisiones mejor informadas. Diferentes estudios han demostrado que las personas que desde jóvenes han adquirido conocimientos básicos de economía responden en un grado significativamente más alto a cuestiones básicas y esenciales relacionadas con la misma cuando son más mayores. No solo eso, con las cuestiones más complejas sucede lo mismo.

Por tanto, la dificultad de comprender con claridad la información económica también es un tema de aprendizaje. Como se enseñan gramática, matemáticas o seguridad vial, también hay que tener conocimientos sobre información financiera, aunque sean elementales. Son lenguajes y códigos, al fin y al cabo. Con el añadido de que en este último caso acarrea consecuencias directas sobre tus elecciones y bienestar.

Paradojas, límites y distorsiones

A la dificultad de comprender la economía y sus acontecimientos tenemos que añadir paradojas, distorsiones y limitaciones de tipo externo e interno. Es decir, debido a la manera en que se presentan y a la forma en que actúan nuestro cerebro y nuestra psicología personal.

La información que leemos está procesada de tal forma que produce una serie de límites que distorsionan la realidad: la falacia narrativa, la falacia de las pruebas silenciosas, la obsesión por lo concreto y la categorización.

La *falacia narrativa* es la distorsión que provoca la narración debido a que esta no cuenta toda la historia. Necesitamos que esté todo narrado y contextualizado en una historia, pero no se cuenta toda la historia. La narración muestra una información que es incompleta. Luego nosotros la complementamos con sucesos y deducciones que nos hacen reconstruir los huecos de esa historia indefinida. Es lo mismo que ocurre con la visión: existe un campo ciego y el cerebro lo rellena con la información visual que tiene del resto del campo.

Nos gustan los relatos y la simplificación. En principio no hay nada malo en ello, y de hecho suele ser eficaz; el problema es que reducimos los acontecimientos a una dimensión muy baja. Esta reducción dimensional no es un capricho, sino una necesidad para poder procesar la información, pero el problema es no ser conscientes de esta limitación y narrarlo todo.

Por esta razón la mitología ha sido históricamente la mejor manera de explicar la realidad, porque pone orden y baja de dimensiones un mundo muy complejo. Pero ello nos empuja a pensar que la realidad de las cosas es más simple de lo que *es*.

La *falacia de la prueba silenciosa* está relacionada con la falacia narrativa. Es la historia del "todo se lo lleva uno y después no hay nada". Esto es lo que ocurre con el relato de los grandes emprendedores, líderes y triunfadores. Ellos ocupan todo el relato, pero aquí volvemos a la información incompleta; no se dice nada de los cientos de miles de personas que lo han intentado de igual manera, con parecidos recursos e inteligencia, pero sin embargo han fracasado, una y otra vez. El gran peso de la explicación está en el fracaso de ese 99,9% silencioso, pero la narrativa informativa deja la explicación a ese 0,01% que ha triunfado. Esto nos lleva a interpretaciones, deducciones y decisiones erróneas porque el relato cuenta el 0,01% de la historia.

La obsesión por lo concreto es la tercera gran distorsión de la información que nos ofrecen. Es lo que se denomina *disciplina narrativa*. Todo tiene que girar en torno a un relato. Los relatos venden porque enganchan. Hay que empezar con una historia personal, un dato concreto o una descripción de un suceso para, una vez que el lector está vendido emocionalmente, sacar luego a relucir la gran conclusión.

Sin embargo, el relato, lo concreto, a veces no es la mejor manera de explicar una realidad más amplia. Existe cierto desdén hacia lo abstracto. Cierto es que algo abstracto no engancha y no se relaciona con algo personal cuando se lee, pero todo lo relatado en base a lo concreto nos lleva a interpretar de forma parcial y distorsionada la realidad que está detrás de los acontecimientos económicos.

La *categorización* es la otra gran distorsión. La información se categoriza por una cuestión de eficiencia, necesitamos categorizar en unos patrones para interpretar en el menor tiempo posible con aproximación a la verdad.

El problema viene cuando se categoriza todo de forma esquizofrénica, cuando la categoría se vuelve etiqueta, aquí tenemos un problema y la velocidad de la información hoy en día requiere que esto se haga de forma exponencial. El beneficio de la categorización es la eficiencia de procesamiento, pero el coste es que elimina toda la complejidad y, en muchas ocasiones, esa complejidad es la que explica cierto acontecimiento, es la productora del significado. Como se suele decir, a veces "el diablo está en los detalles".

En la información económica esto sucede constantemente. Y cada día más, porque los artículos son más superficiales, menos largos por la exigencia de *experiencia de usuario* y los redactores en general no están preparados para explicarla.

Además, tenemos tres limitaciones internas: el sesgo de confirmación, la distorsión retrospectiva y el problema de escala.

El *sesgo de confirmación* se da cuando buscamos cualquier noticia o información que confirme nuestras creencias personales. Hemos llegado a una conclusión, o simplemente tenemos la creencia de que algo funciona como pensamos, y entonces buscamos de forma selectiva informaciones que la corroboren.

Por esta razón existen medios con tendencias ideológicas hacia un lado y hacia otro. Viven de un público cautivo, que acude a dichos medios porque estos van a confirmar lo que cree.

El *sesgo de confirmación* es uno de los elementos clave para entender cómo funciona la psicología de las masas en los mercados financieros; las burbujas y pánicos se retroalimentan de él y los buenos inversores independientes lo saben ver –es el caso de las estrategias *momentum*– y ganan dinero con ello.

La *distorsión retrospectiva* se produce cuando interpretamos los sucesos pasados de forma aislada, sin ver qué consecuencias han tenido posteriormente. Con el agravante de que nos hace pensar que podemos predecir el futuro de la misma forma lineal que hemos entendido el pasado, pero hacia adelante. Tenemos capacidad para interpretar los hechos una vez ocurridos, pero no contamos con la misma capacidad para hacerlo hacia el futuro, y por eso hay confusiones.

El *problema de escala* es quizá la limitación más difícil de ver y entender. En la escalabilidad se dan los sucesos extremos, que son los que dictan la historia de los acontecimientos. El problema es que nuestra forma de pensar y nuestra intuición están en una sola escala y no pueden pasar a una escala mayor si no es gracias a un proceso de reflexión. Esto está relacionado con la descripción del mundo a través de figuras perfectas, que se da en economía: los ciclos se explican mediante el movimiento ondulatorio perfecto; la curva de la oferta y la demanda mediante rectas y curvas previsibles; la generación de ingresos está expresada con superficies en forma de rectángulos; la distribución de resultados es un Campana de Gauss perfecta; las probabilidades siguen una distribución normal y un largo etcétera. Pero cuando se dan sucesos imprevisibles, raros, extremos y fuera de nuestro conocimiento, esas figuras no son para nada perfectas. Y además cambian de escala. Es lo que se denominan escalas fractales, teoría del caos e incertidumbre; modelos no lineales, que son los que funcionan en la realidad en momentos de incertidumbre y azar.

El problema de escala está relacionado con el problema de categorización, en el fondo es lo mismo. Utilizamos categorías para interpretar la realidad con eficiencia, el problema surge cuando las interconexiones de los acontecimientos escapan a esas categorías y pasamos a otro escenario.

Y para finalizar tenemos las explicaciones de los expertos, los académicos y funcionarios, con su manía por querer presentarlo todo con elaboraciones complejas. Nunca he entendido esto. Existen numerosos estudios que demuestran que los métodos más complejos no predicen mejor. Me refiero al método científico y la econometría académica.

Como ves, al final existe una gran paradoja, nos encontramos entre modelos muy simples o muy complejos, para explicar algo que parece simple, pero es complejo.

La dificultad está siempre dónde situarse, de ahí la importancia de cultivar una visión personal y autónoma de los hechos que te permita reflexionar, revisar y evolucionar conociendo todas sus limitaciones.

Todo esto nos lleva a la ilusión de pensar que podemos predecir, existe una idea de predicción e interpretación errónea que se alimenta día a día, hasta que sucede una catástrofe o simplemente lo que crees e interpretas no se amolda a lo que luego sucede en la realidad.

En suma, se trata de un problema de causalidad y narrativa. Se tiene la obligación de dar una explicación de todo, cuando en la mayoría de las ocasiones no existe una explicación inmediata, no se sabe en el momento, tal vez se necesita tiempo para tejer toda la explicación y a veces no se conocerá nunca por qué ha ocurrido. Es un problema que procede del sistema educativo: el alumno es obligado a dar "la" respuesta y si su respuesta es "no lo sé" es castigado o ridiculizado.

Por supuesto hay muchas más limitaciones y distorsiones psicológicas, pero a los efectos de interpretación informativa, y en concreto el filtrado y procesamiento de información económica para su interpretación y significado, estas son las más importantes.

El mayor daño que hacen al tratamiento de la información económica estas limitaciones es con la idea de predicción. Cuando leo cosas del tipo "subimos/bajamos un 2% los impuestos y se crearán 500.000 puestos de trabajo" –piensa en cualquiera de los mantras que nos repiten– me echo las manos a la cabeza.

El problema es que esa ilusión se convierte en doctrina y los políticos y tertulianos que ves en la televisión repitiéndolo, los periodistas económicos que lo escriben y los académicos y expertos que escuchas se lo creen. Han construido su propio relato y confunden su particular historia incompleta con la realidad.

El problema de las escalas

La introducción y uso de las nuevas tecnologías de la información y la comunicación, el apalancamiento de las empresas en la tecnología y la bajada drástica de los costes de transacción hacen que surjan nuevas empresas y que los costes marginales de una unidad adicional de un servicio, producto o infoproducto (producto de información) tiendan a cero.

La escalabilidad de los modelos de negocio es brutal.

El problema de esta escalabilidad tan alta es doble: existe un problema de interpretación de la información y también un riesgo de concentración de los actores principales en cada industria.

El problema de interpretación de la información se da en los mercados financieros desde hace un siglo, cuando las bolsas comenzaron a ser globales.

Estamos interpretando información que está de forma simultánea en escalas muy diferentes. Por ejemplo, lo que hace una acción en un mercado local, con un volumen de negociación de unos pocos miles de euros, y lo que hace una divisa, que ha movido billones en un día. El movimiento es parecido, para nuestros ojos, es el mismo gráfico sobre el papel, pero la escala es completamente diferente y sus consecuencias también. Y eso lo metemos en nuestra cabeza en un modelo de interpretación lineal que es incapaz de incorporar los cambios drásticos que puede suponer la diferencia entre uno y otro.

En el año 2006 se publicó el libro *El cisne negro*[52], que en

_____

[52] *El cisne negro: El impacto de lo altamente improbable*, Nassim NicholasTaleb, Planeta, 2012, Barcelona.

seguida se convirtió en *bestseller* y su autor, Nassim Taleb, se hizo tremendamente rico. En el fondo todo el libro gira en torno a cómo no debemos interpretar la información financiera, y el núcleo de ese fondo es que es un problema de escalas.

Nos han enseñado una serie de modelos estadísticos muy estándares e idealizados, pero estos solo se corresponden con la realidad en condiciones medias u ordinarias. El gran problema es que la historia financiera se explica por los movimientos raros y extremos. Esos momentos puntuales son los que marcan el rumbo de la economía y las finanzas, y no el resto.[53]

Distribution of Daily Returns, DJIA 1928-2009

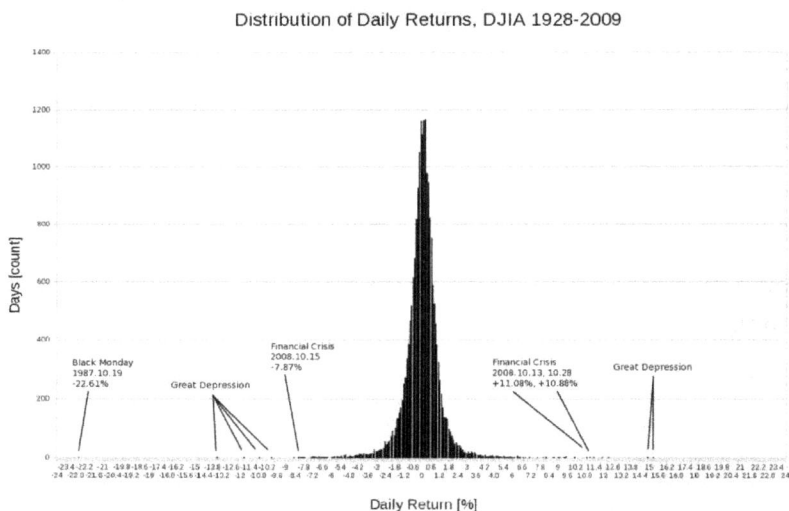

Lo que ves es el gráfico de rentabilidades de la historia del Dow Jones desde 1928 hasta 2009. En el eje horizontal están las rentabilidades y en el vertical la frecuencia (el número de veces) que esa rentabilidad se ha dado. Más del 90% de los días desde

---

[53] Los modelos de distribución estándar, figuras ideales (senos, cosenos, ciclos perfectos, etc.) y modelos lineales no funcionan. No son capaces de predecir los grandes riesgos, no los tienen incorporados. Para ello son mucho mejores otras distribuciones de probabilidad que tenían en cuenta los riesgos de larga cola y sistemas fractales en lugar de ideales, que son los que reducen a nuestra escala de interpretación lineal todas las escalas diferentes que se dan al mismo tiempo.

1928 el índice ha tenido un rendimiento entre -2% y +2%. También podemos ver que hay unos 20 días que tuvo un rendimiento por encima del 8% o por debajo del -8% diario.

El quid de la cuestión está aquí: esos 20 días explican más del 50% del rendimiento histórico de esos 81 años de historia del Dow Jones. Es decir, que lo que sucedió en esos 20 días, que está fuera de lo que predicen los modelos, es lo que nos explica más de la mitad de la historia a largo plazo de la bolsa.

En noviembre de 2007, justo un mes antes de la hecatombe financiera, un profesor de la IESE Business School publicó un trabajo titulado *Black Swans and Market Timing: How Not To Generate Alpha*[54], donde estudiaba de 160.000 retornos diarios de 15 mercados de renta variable diferentes y demostraba que solo unos pocos de esos días tenían un impacto masivo sobre el rendimiento a largo plazo. En concreto, encontró que si se evitaban los 10 días con mayor rentabilidad cualquier portfolio de inversión en esos 15 mercados valía un 50,8% menos –en el mercado español, un 44% menores– y si se evitaban los 10 peores días el portfolio valía un 150,4% más –en el mercado español, un 103,7% mayores–.

Esto es tremendo, porque nos dice que menos del 0,1% de los días supone más del 50% del rendimiento de cualquier mercado a largo plazo. Este es el problema de escalas.

---

[54] *Black Swans and Market Timing: How Not To Generate Alpha"*, Javier Estrada, 2007, Barcelona. Disponible en http://papers.ssrn.com/sol3/papers.cfm?abstract_id=1032962

Indices, rebased to 100 — USA stock market
— If you miss the 10 best days out of the last 2,600 days

You start with 100 and finish with 125 (instead of 173), losing 66% of your total return because you missed the 10 best days.

Nov-05 Jan-07 Apr-08 Jul-09 Oct-10 Jan-12 Apr-13 Jul-14 Oct-15   55

Este es un gráfico de los últimos 10 años. El impacto de perderte los 10 mejores días es perder un 66% de la rentabilidad del mercado de acciones americanas. Si alargamos el periodo de tiempo el impacto es mayor.

Growth of $100

Missing 25 Worst Days
Missing 25 Best Days
Missing 25 Best and Worst Days
All Days

56

Aquí vemos lo que ocurre si evitamos los 25 días con peor resultado durante los últimos 45 años. La rentabilidad es la línea más alta. Si nos perdemos los 25 mejores días nos vamos a la

---

[55] Sacado de http://becomeabetterinvestor.net/blog/the-10-worst-days/
[56] Sacado de http://theirrelevantinvestor.com/2016/01/22/it-was-the-best-of-days-it-was-the-worst-of-days/

línea más baja.

Lo más curioso es ver las otras dos líneas: una es estando todos los días y la otra evitando los 25 peores días, pero también los 25 mejores días; la rentabilidad a largo plazo es solo ligeramente superior. Increíble.

Este problema de escalas a la hora de interpretar lo tienen prácticamente todos los autores que escriben sobre información financiera y económica. Hay que ser muy experto, haberse arriesgado mucho y ser muy heterodoxo para comprender esto y además defenderlo públicamente. Aquí volvemos al problema de la estandarización en la educación e investigación, porque en realidad lo que aprendemos son conocimientos acordados y la información económica que se expone sigue esta pauta.

El otro gran problema provocado por las escalas es el riesgo de concentración de los actores principales en la economía del conocimiento.

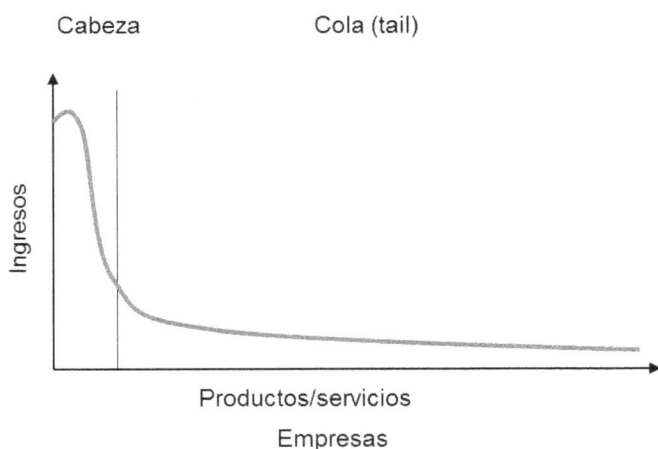

Este es el clásico gráfico que se utiliza para explicar la economía del *long tail*[57]. La parte de la derecha son miles o

---

[57] *La economía long tail*, Chris Anderson, Empresa Activa, 2009, Barcelona.

millones de micronichos con poca demanda, que suman un área igual o mayor que la que ocupan las grandes empresas de un sector. Esto ha sido posible gracias a las nuevas tecnologías, que tienen capacidad de agregar pequeños clientes en un micronicho y hacerlo rentable cuando antes era imposible, por los problemas de información y logística y sus costes asociados.

Pero de lo que no se suele hablar tanto es del problema que puede surgir en la parte de la izquierda.

La enorme escalabilidad en la producción de servicios y productos ofrecidos por las nuevas tecnologías y la Red también provocan que las diferencias entre los dos primeros y el resto sean enormes.

Es un juego de dos. El primero, que domina el mercado; el segundo, que es la alternativa, y luego el resto, a años luz.

Peter Thiel, cofundador[58] de PayPal, lo explica como progreso de 0 a 1 y progreso de 1 a infinito (la cantidad máxima)[59]. El progreso de 0 a 1 es la innovación pura, crear algo nuevo, inventarlo, que es vertical y es posible gracias a la tecnología. El progreso de 1 a infinito es la copia y distribución de los progresos que funcionan, es horizontal y se apoya en la globalización. El primero crea monopolios y concentración de poder (la cabeza) y el segundo, a través del proceso de dilución de rentas, genera competencia total (la larga cola).

La inversión total de los fondos de capital riesgo constituye menos del 0,2 % del PIB de Estados Unidos, pero los resultados de esas inversiones crean un 11 % de los empleos de la empresa privada y generan ingresos anuales equivalentes al 21 % del PIB del país.

---

[58] Otro de los cofundadores es Elon Musk, fundador de Tesla, SpaceX o SolarCity.
[59] *Progreso de cero a uno: Cómo inventar el futuro*, Peter Thiel, Gestión 200, 2015, Madrid.

Las bajísimas frecuencias o cisnes negros son lo que se conoce como *unicornios*, los Google, Amazon, Facebook y compañía. Escasísimas empresas que son las que producen los cambios profundos de la economía y explican ese más de 50% que hemos visto en el estudio de la rentabilidad a largo plazo de los mercados financieros, solo que aquí nos referimos a la economía mundial y sus cambios profundos posteriores en todos los ámbitos.

Sin contextualizar correctamente estos eventos extremos o raros no podemos explicar lo que pasa en la economía de forma correcta ni, mucho menos, establecer las políticas fiscales y monetarias adecuadas. Por la sencilla razón de que los modelos que se usan no los tienen en cuenta, y al no tener en cuenta estos eventos extraños, esa frecuencia marginal –esa parte de la *cabeza*, tan delgada–, son incapaces de interpretar qué está pasando.

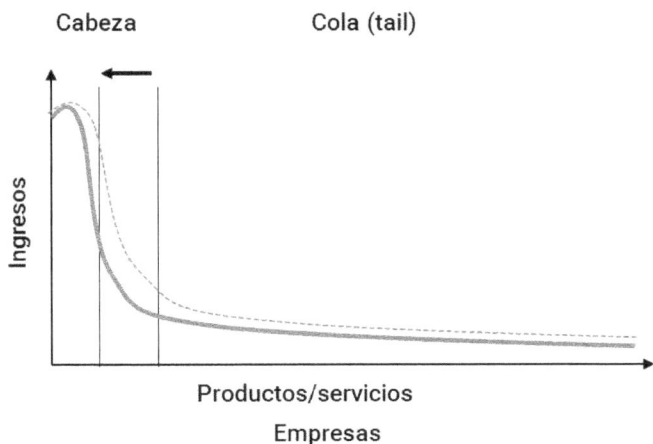

Por esta razón es totalmente imposible que los modelos que se utilizan en las universidades, en las instituciones políticas y, sobre todo, en los medios de comunicación, con todas sus etiquetas y clichés, expliquen casi nada. Y todavía menos que las recetas que proponen se corresponda con una buena decisión.

Lo que yo llamo el "problema de las escalas" creo que es la parte más importante de la interpretación de la información en la nueva economía, y también la más difícil de comprender.

El efecto red y la globalización total hacen que estos sucesos extremos y raros, estos unicornios, produzcan cada vez unas consecuencias mayores sobre el resto de la economía. Y que por lo tanto el porcentaje de explicación de lo que pasa tenga mayor peso debido a estos escasos acontecimientos. Como se ve en el último gráfico, el peligro es que la cabeza sea cada vez más estrecha y más afilada y la cola más plana y larga. El resto de los competidores, en micronichos, subsiste en la competencia total.

Siguiendo el razonamiento de Thiel, el progreso de 0 a 1 es la cabeza, muy estrecha, y progreso de 1 a n es la cola, plana y larguísima.

Lo vemos en cualquier sector. Google tiene una cuota superior al 70% de las búsquedas y el segundo buscador es YouTube, que es propiedad de Google.

En las redes sociales Facebook lo ocupa casi todo y la mensajería instantánea WhatsApp –que moldea nuestras vidas y es el monopolio absoluto de la comunicación interpersonal diaria en países occidentales– es propiedad de Facebook.

En comercio minorista y logística Amazon lo está acaparando todo como una legión de termitas y pirañas. eBay en el comercio *online* entre personas, Spotify y iTunes son el monopolio de lo que antes eran las discográficas, Airbnb tiene casi toda la cuota de mercado de alquiler de habitaciones, en la edición de blogs el gestor de contenidos WordPress también acapara el 70% de la cuota. Podemos seguir con casi cualquier sector.

El día en que estos actores sean desplazados por otros, parece que el funcionamiento será el mismo.

Año\Posición	1°	2°	3°	4°	5°
2001	General Electric	Microsoft	Exxon	Citi	Wallmart
2006	Exxon	General Electric	Total	Microsoft	Citi
2011	Exxon	Apple	PetroChina	Shell	ICBC
2016	Apple	Alphabet	Microsoft	Amazon	Facebook

☐ Empresa tecnológica   ▨ Empresa no tecnológica

En esta tabla se observa claramente el proceso de destrucción creativa que hemos visto en páginas precedentes. Son las compañías de mayor capitalización del mundo en los últimos 15 años. Se ve cómo las empresas tecnológicas han desplazado a las grandes compañías de la energía. La información vale más que el petróleo.

Miremos donde miremos, en todas las industrias que han sufrido el proceso de destrucción creativa, está ocurriendo lo mismo. Es curioso el porcentaje, suele ascender al 70%.

Después el otro 30% está repartido de forma atómica entre decenas de miles de competidores.

Parece que la nueva economía se encamina hacia dos niveles más pronunciados que antes: los dos grandes en cada sector en un monopolio absoluto y economía centralizada en su polo de poder, por un lado, y un grupo enorme de microagentes de economía distribuida y competencia casi perfecta en la ley del precio único global por otro.

Estos dos niveles –otra vez las escalas– se han dado siempre, pero ahora las diferencias son mayores; la competencia, por un lado, y la concentración, por el otro, también los son.

El problema de los intereses creados

Conflicto de intereses

Los problemas de la disciplina económica ortodoxa no solo son de orden teórico –cuyas hipótesis de partida resultan alejadas de la realidad, siendo en el mejor de los casos situaciones muy particulares lejos de la generalización–, sino que como instituciones tienen problemas de credibilidad, ya que una parte de las universidades vive inmersa en la corrupción moral y técnica.

El aclamado documental *Inside Job*[60] de Charles Ferguson irrumpió como un terremoto en la conciencia colectiva: la gente comenzaba a ser consciente de los conflictos de intereses que han existido y existen en las universidades, los *think tanks* y diversas instituciones académicas.

Durante las tres últimas décadas una parte importante de las instituciones académicas de muchos países, y en especial las de la *Ivy League* estadounidense, han entrado en las actividades *pay for play*, es decir, crear disciplina conveniente a cambio de dinero. Que un profesor de prestigio declare ante el Congreso norteamericano o escriba un artículo sobre política económica en un medio influyente es una buena razón para pensar que puede haber sido pagado por alguien para que hable sobre el asunto que está tratando. Este problema de intereses y falta de escrúpulos no es debatido y las universidades miran para otro lado.

Como explican en un artículo[61] de *The Guardian*, "media docena de firmas de consultoría, portavoces de oficinas oficiales

---

[60] https://es.wikipedia.org/wiki/Inside_Job
[61] http://www.theguardian.com/education/2012/may/21/heist-century-university-corruption

y varios grupos de lobbies industriales mantienen extensas redes de trabajo en la sombra con el objetivo de defender los intereses de la gran industria en los debates de políticas económicas y regulación. Las principales industrias envueltas son la industria energética, telecomunicaciones, salud, agricultura y los servicios financieros."

Los casos recientes más sonados han sido los artículos emitidos por parte de académicos en el mundo de las finanzas en Estados Unidos, totalmente erróneos y contrarios a la realidad y pagados por el Gobierno en unas ocasiones y la gran banca de inversión en otras. Los comentarios a este episodio por parte de las entidades educativas han sido silenciados salvo honrosas excepciones. Algunas instituciones han comenzado a publicar cierta información interna en aras de la transparencia, pero todavía queda una gran cantidad de centros que están muy lejos de lo mínimo deseado para que esta circunstancia no se vuelva a dar.

Una disciplina obsoleta

La disciplina ortodoxa o *mainstream* es una ciencia que se quedó obsoleta hace muchas décadas. No han predicho ninguno de los problemas económicos actuales, no supieron prevenir la crisis y no son capaces de describir la realidad. Sin embargo, dominan casi todos los departamentos de investigación de las universidades, ocupan una abrumadora mayoría de las cátedras, y son legión entre los profesores titulares que enseñan a los estudiantes de economía y que luego asesoran a gobiernos e instituciones financieras.

En mi libro *Despierta* hago un análisis detallado de cómo los economistas no ortodoxos fueron expulsados del circuito oficial; desde Crack del 29 hasta finales de los años 70 los ortodoxos eran académicos en la sombra de los departamentos universitarios, pero diferentes intereses los colocaron en los lugares adecuados y fueron desplazando a aquellos que no cumplían con el dogma. A principios de los años 80 los profesores e investigadores no ortodoxos ya habían sido totalmente marginados en las instituciones académicas y la innovación en la disciplina comenzó tres décadas de destierro.

El propio Alan Greenspan reconoce que no supo predecir la crisis, y el padre de la teoría de los mercados eficientes, el premio Nobel Eugene Fama, ha reconocido que en última instancia no sabe qué es lo que causa las crisis económicas. Pero la mayoría de economistas ortodoxos siguen pensando que la disciplina que conocen funciona como si nada hubiera ocurrido.

Esto ha provocado que en los últimos años hayan surgido iniciativas estudiantiles que reclaman una disciplina más amplia, por ejemplo *Post-Crash Economics Society*[62] de la Universidad de Manchester, que viene a sumarse a la *Post Autistic Economics*[63] en el año 2000 en la Sorbona de París, en 2001 en Cambridge y en 2003 en Harvard y que luego se extendió a otras universidades (en el caso de España tuvo su eco en la Universidad Autónoma de Madrid). También se unen a los estudiantes de la asignatura de economía del señor Greg Mankiw en la universidad de Harvard, que en 2011 se levantaron en mitad de su clase para reclamar lo mismo y a otros movimientos alrededor del mundo, como *Rethinking Economics*[64], una red de estudiantes y jóvenes economistas que pretende extenderse a nivel global para cambiar el discurso predominante y tiene el apoyo de la *Soros-funded Project*[65] –el *Institute for New Economic Thinking*–, que también está detrás

---

[62] http://www.post-crasheconomics.com/
[63] http://www.paecon.net/HistoryPAE.htm
[64] http://www.rethinkeconomics.org/
[65] https://www.ineteconomics.org/

de otro proyecto a escala internacional, la *Young Scholars Initiative*[66].

Esta última *revuelta* en forma de sociedad estudiantil reclama exactamente lo mismo que han reclamado todos los no ortodoxos desde hace más de 30 años: recibir una materia más plural y menos dogmática y monolítica. Reclaman poder estudiar a otras escuelas de pensamiento y subdisciplinas alternativas que se han desarrollado en paralelo, todas aquellas que englobamos dentro de la corriente heterodoxa, y poder aproximarse al estudio económico de forma transdisciplinaria a través de filosofía, política, sociología, historia y psicología, para poder estudiar los fenómenos socioeconómicos sin estar recluidos en el aislamiento y clausura de los departamentos cuantitativos.

La campaña de *Rethinking Economics* se está extendiendo de forma rápida a Cambridge, Essex, LSE y decenas de campus en otros países como Francia, Alemania o Chile. Reclaman lo mismo que la *Post Autistic Economics*, con la diferencia que ahora las comunicaciones y redes sociales lo propagan todo mucho más rápido –hace 10 años no era así–, ha surgido todo un mundo de blogs de pensamiento crítico y la situación económica no es la otrora boyante economía ortodoxa que tapaba las voces contrarias y que no permitió que esta toma de conciencia cuajara de verdad.

Existen otros movimientos, como *New Economy Coalition*[67], un proyecto del *New Economic Institute* ubicado en Boston y como su propio nombre indica una red de individuos y organizaciones que trabajan en un marco de disciplina económica muy amplio para buscar alternativas, nuevas

---

[66] https://www.ineteconomics.org/community/young-scholars?p=community/young-scholars
[67] http://neweconomy.net/

perspectivas y explicaciones que luego se transformen en modelos y políticas.

Estamos en una época de inflexión y catarsis de la disciplina, la transformación del nuevo paradigma económico está ayudando a conformar una nueva conciencia, un nuevo conocimiento, y se refleja en el surgimiento de blogs, redes de trabajo global y lugares de conocimiento alternativo especializado.

También han surgido proyectos alternativos para desarrollar un currículo de economía más amplio como *CORE*[68], un curso interactivo abierto elaborado por académicos de prestigio o el citado *Institute for New Economic Thinking*.

Todo este movimiento expansivo, sus nuevas discusiones y reflexiones darán forma a una nueva disciplina para las generaciones futuras. Es una época inmejorable para abrir la disciplina a nivel institucional, pero si no se consigue la ortodoxia se cerrará con mucha más fuerza, puesto que la experiencia histórica en todos los ámbitos, desde el político al social, nos ha demostrado que después de épocas de apertura y expansión vienen épocas de represión y cerramiento que anulan a las anteriores, como si de un alimento para estas se tratara.

Análisis de un ejemplo real

En la época de la *economía de la información* no puedes permitirte el lujo de actuar de forma conductual y que eso te nuble la vista.

---

[68] http://www.core-econ.org/

Acto primero. *Titular + Subtítulo + Infografías conductuales = Daño (casi) irreparable*

La publicación trata sobre el *shadow banking*. Este anglicismo de reciente acuñación, se refiere a toda la industria financiera que no es banca comercial: fondos de pensiones, *hedge funds*, o toda la nueva industria *fintech* –*crowdfunding*, divisas, criptomonedas, nuevos gestores automáticos, tecnología *blockchain*–.

Como ya empiezas apreciar, el término *shadow* es peyorativo: banca en la sombra, oscuridad. Maligno.

Podían haberlo llamado *alternative banking*... Suena hasta apetecible, ¿no crees?

Y ahora empezamos con la separata central.

La portada es una enorme ilustración con cajas fuertes encadenadas y pequeñas personas de negro asaltándolas y llevándose enormes billetes de dinero.

Lo titulan "Furor por los préstamos desde el lado oscuro".

Si hubiera leído esto hace cinco años, sin el conocimiento que tengo ahora, me hubiera dejado una impresión casi imposible de borrar; la de que están expandiéndose delincuentes financieros a gran escala que nos quieren robar, y todo va a explotar por su culpa.

Cambiar esta primera impresión hubiera sido muy difícil después. El daño ya estaría hecho. La primera impresión, la primera información, es la que domina nuestras decisiones. Es un sesgo cognitivo o psicológico que se da en los mercados financieros gracias precisamente a los medios de comunicación, y estos lo explotan al máximo, en beneficio de los pagadores de dichos medios, los grandes actores financieros.

Luego solo hay que confirmar esa primera impresión, el "sesgo de confirmación" por medio del cual leemos y buscamos informaciones que la confirmen. Para eso están precisamente los medios de comunicación. La bola de autoconfirmación ya está en marcha, y la industria tiene el alimento necesario para que funcione todos los días.

El titular es una información conductual para dirigir el juicio y la opinión del lector hacia lo que les interesa. Mira la frase ahora:

"FUROR por los préstamos DESDE EL LADO OSCURO"

Sustituye préstamos por lo primero que te venga a la cabeza y luego reflexiona sobre la sensación que te deja. Es un ejercicio mental interesante.

Ahora vayamos al subtítulo:

"Las entidades que actúan como bancos sin estar reguladas tienen ya 36 billones de dólares en activos financieros en todo el mundo"

Esto es más grave.

En una frase dicen dos mentiras. Y no me refiero a la cifra, que es una estimación sobre un dato que nadie conoce.

Primera mentira: *"Entidades que actúan como bancos"*

Ninguna de estas entidades actúa como un banco. En el caso de las empresas de *crowdlending*, estas no tienen licencia bancaria; no gestionan ni depositan tu dinero, solo te ponen de acuerdo con la otra parte como intermediarios. El dinero es depositado en una entidad de pago independiente de estas –aprobada previamente por el Banco de España– para salvaguardar al inversor.

Segunda mentira: *"Sin estar reguladas"*

El sector financiero es el más regulado del mundo. En España, por ejemplo, es casi imposible montar una gestora, un *hedge fund*... incluso ser un sencillo asesor financiero. Lo ponen casi imposible para que solo operen los de siempre. Y como si con eso no fuera suficiente, sacan *ventajas* fiscales, como los planes de pensiones y fondos de inversión para la banca, porque la mayoría de ellas pierde a largo plazo[69].

Para darle un barniz de credibilidad intelectual o académica aparecen un par de comentarios de un catedrático de una universidad, que confirma la línea de la tesis que defiende el artículo de economía.

Primera perla:

"Los motivos del auge del 'shadow banking' son varios, pero hay uno que quizás predomine, y es aprovechar las ventajas regulatorias frente a los intermediarios bancarios".

Segunda perla:

"No es malo que crezca el 'shadow banking', porque complementa la labor de la banca aportando financiación, pero el motivo de su crecimiento no puede ser solo la consecuencia de ventajas regulatorias".

El problema es que este catedrático no conoce el *shadow banking*. No existe en el mundo un sector más regulado que el financiero y que tenga que luchar de forma tan desigual contra el monopolio de la banca y el capricho de los dinosaurios reguladores que solo viven para esta última, sea cual sea la entidad que quiera acercarse.

---

[69] Ver el demoledor estudio del IESE *Rentabilidad de los fondos de inversión en España* http://www.iese.edu/research/pdfs/DI-0848.pdf

Luego el artículo está aderezado con la opinión *nada sospechosa* de expertos de la banca.

Acto segundo. *El editorial*

Después del cúmulo de despropósitos y mentiras del artículo, nos encontramos con el editorial, que viene a decir que todo esto va a provocar el colapso del sistema. Que la crisis financiera de 2008 estuvo causada por el *shadow banking*.

Precisamente el *shadow banking* nació fruto de la crisis financiera provocada por las propias entidades financieras. Justo al revés.

Primera frase del editorial:

> *"El fenómeno de la llamada banca en la sombra ('shadow banking') remite indefectiblemente a los temores derivados de la crisis financiera. La propia etiqueta 'banca en la sombra' ya suscita alguna inquietud".*

Lo peor viene al final del primer párrafo:

> *"En teoría, cualquier entidad con capital suficiente puede acercarse a una empresa, ofrecer financiación y llegar a un acuerdo sobre la remuneración. No es necesario requisito alguno y no requiere regulación".*

Luego se mete en una disquisición sobre la catástrofe financiera y el liberalismo... Elementos suficientes para darse cuenta uno de que esta persona no sabe de lo que habla, no es especialista; se nutre de tópicos preconcebidos en una amalgama de conceptos que no tiene sentido.

Y lo mejor de la ignorancia dirigida es el párrafo final:

"Por tanto, lo más prudente sería explorar la hipótesis de regulación por más que destruyera la característica definitoria del 'shadow banking'. Si no, la opción es declarar tales actividades como sujetas enteramente a los riesgos de mercado y declinar cualquier atribución a las finanzas públicas de las actividades no reguladas. Actividades que, por cierto, deberían estar registradas (al menos) con el fin de que el regulador financiero disponga de datos necesarios para informar al inversor".

Todas estas entidades, están supervisadas por la CNMV con el visto bueno del Banco de España. Instituciones que se reservan el juicio de decir quién opera y quién no. En el caso del *crowdfunding*, que nombra el artículo, una plataforma facilita el encuentro entre un prestamista y un prestatario. Plataforma que, por cierto, está regulada según la Ley 5/2015 de Fomento de Financiación Empresarial[70] y es auditada de forma independiente.

No voy a seguir, porque este texto es una mina de oro para un análisis de fallos; cada frase tiene al menos una mentira o fallo incorporado. Si fuera profesor lo pondría en clase para enseñar a los alumnos a pensar por ellos mismos.

Acto tercero. *El 'sponsor' y la idea de fondo*

Debajo de la enorme ilustración de la portada vemos el anuncio de una entidad bancaria publicitando sus productos donde, además, la descripción de sus beneficios es una suma de medias verdades.

---

[70] http://www.boe.es/diario_boe/txt.php?id=BOE-A-2015-4607

La conclusión de todo este editorial económico es que todo lo que no sea banca es malo. Un mantra:

todo-lo-que-no-sea-banca-es-malo

Es un machaqueo constante, a través de dos artículos enormes, la portada y el propio editorial, de que todo aquello que no sea banca es malo. Toda una línea editorial construida y pensada para formarte un juicio erróneo.

Debes poner tu energía en estar alerta de la información que utilizan para engañarte, detrás existe toda una estrategia. Esto afecta al bienestar financiero de las familias y a la comprensión de la economía y sus efectos en la realidad.

Este hecho me lo ha confirmado más de un periodista encargado de la sección de mercados financieros durante años de algunos periódicos nacionales: "Si hay malos resultados viene el responsable de comunicación y te dice lo que tienes que publicar. (...) Si los pones mal, tienes una llamada... ellos pagan la publicidad y además compran un montón de periódicos para sus sedes (...) Reconozco que muchas veces no tenemos ni idea, somos periodistas y hay muchas cosas que no comprendemos y se nos escapan".

Conclusión

La información de la que te nutres puede modificar tu conducta y tus decisiones en un determinado sentido. Como hay tanta información lo que debes hacer es cultivar tu intelecto y ser crítico, para poder discernir la propaganda que te hará perder dinero de la información real que no lo es. Es terrible, porque puede hacer mucho daño en tu economía y tu bienestar personal. Más del que crees.

La información económica y financiera que se publica en los medios tradicionales está comprada –literalmente– por las grandes corporaciones financieras y los principales grupos empresariales. Está escrita por periodistas a sueldo que o no tienen suficientes elementos de juicio o, si los poseen, no pueden mostrar su criterio de forma libre.

Por esta razón debemos leer econblogs, medios digitales independientes y libros.

Blogosfera como gran medio

La blogosfera –o blogsfera– es el espacio informativo, generado por el conjunto de herramientas de edición y publicación personal, los blogs.

Para entender cómo se comporta y su evolución, y revolución, es necesario que conozcamos los tipos de redes informativas que existen.

Hay tres tipos de redes: centralizadas, descentralizadas y distribuidas.

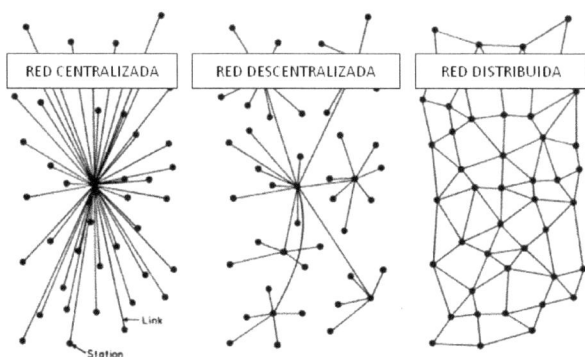

RED CENTRALIZADA   RED DESCENTRALIZADA   RED DISTRIBUIDA

[71]

---

[71] Dibujo de Paul Baran, ingeniero que detalló la arquitectura de redes y ordenadores.

La red centralizada es aquella en la que todo tiene que pasar por un nodo central. En el aspecto informativo es lo que se conoce como el "sistema de postas", que se utilizaba hace tres siglos, en los reinos absolutistas y las colonias. Toda comunicación debía pasar por la capital del reino.

La red descentralizada de información vio la luz en 1844, cuando Samuel Morse utilizó el telégrafo eléctrico para enviar la primera noticia. Aquí ya no hacía falta un tránsito a un nodo central, se podía enviar directamente a un tercero. Una década después aparecieron las primeras agencias de noticias, Reuters y Associated Press, que utilizaban este sistema para informar de los acontecimientos internacionales. La primera fue Reuters, que acudió a la guerra de Crimea y pronto se especializó en el envío en tiempo real de las cotizaciones bursátiles de Alemania y Reino Unido –hoy se ha convertido, junto con Bloomberg, *en* la principal plataforma de información financiera profesional del mundo–.

Esto hizo que se democratizara la información. Cuestiones que hasta ese momento solo eran accesibles para una élite privilegiada en torno al monarca y su corte pasaban a ser conocidas por cualquier ciudadano que supiera leer. El ciudadano podía opinar sobre diversos asuntos nacionales por primera vez en la historia. El antiguo sistema de postas se había quedado obsoleto, pues al ser una red descentralizada, otros nodos de información –las agencias– informaban de manera mucho más rápida y abierta, sin tener que esperar un día a que llegara el correo ordinario.

Con la aparición de internet y los ordenadores personales en los años 80 se empezó a configurar la primera red distribuida. Sin embargo, hubo que esperar a la aparición de los medios de edición *online*, los blogs, para que esta red fuera totalmente efectiva.

Hay que recordar que los cimientos de internet y la red distribuida tienen su origen, como casi todos los avances tecnológicos del siglo pasado, en los departamentos militares de Estados Unidos.

En 1964, el departamento de defensa de Estados Unidos encargó a Paul Baran, de la Rand Corporation, el diseño de un sistema que no fuera vulnerable a una caída o destrucción de los sistemas de comunicación por parte del enemigo en caso de guerra. Baran se dio cuenta que la única manera era tener un sistema distribuido, donde la caída de uno de los nodos (un ordenador) no tuviera efecto en el resto del sistema.

De aquí nació ARPANet, el precursor de USENET, que es el antecesor de la internet que conocemos ahora.

En una red centralizada, si su nodo central es invalidado, se ha destruido todo el sistema de comunicación e información. En un sistema descentralizado invalida una buena parte del mismo, aunque no toda. En uno distribuido no afecta al resto.

Pero para que esta red distribuida fuera efectiva eran necesarios miles de nodos en todo el mundo. No fue hasta finales de los años 90 cuando se dio esto. Fueron los años en los que aparecieron herramientas como Blogger, adquirida en 2003 por Google. Se trataba de herramientas de edición *online* sencillas que permitían a cualquier persona informar a la red sobre cualquier aspecto.

La blogosfera se convirtió en el primer sistema de información distribuido de la historia.

La importancia que esta tiene dentro de los cambios del nuevo paradigma económico, de esta "nueva economía del conocimiento", es crucial. Más de lo que puedas creer.

En este primer medio de información distribuido no existe ningún tipo de filtro, tiene su propia agenda pública (espontánea). No existe una capacidad de influencia decisiva sobre él, ni de ninguno de los blogs sobre el resto. Sin embargo, el conjunto de la blogosfera puede tener influencia decisiva sobre aspectos sociales y políticos en momentos puntuales, como hemos visto en múltiples acontecimientos sociales, desde 2001 en Filipinas hasta el 15M de Madrid en 2011.

Esta nueva forma de comunicación e información está directamente relacionada con dos de los parámetros básicos del nuevo paradigma económico: la globalización y los nuevos medios de comunicación. La red distribuida de información está directamente relacionada con los desafíos de esta nueva economía, muchos costes de transacción han desaparecido, y con ellos empresas, sectores e industrias enteras y la obtención de rentas en algunos casos se han vuelto imposibles.

Se trata de un proceso de apertura a nivel global tremendo, que da la oportunidad de una meritocracia generalizada, pero a la vez exige una innovación permanente por cada uno de los agentes si no quieren estar obsoletos en poco tiempo.

Los blogs tuvieron su época de auge e importancia capital desde el cambio de siglo hasta el año 2008. Luego la aparición de las redes sociales los dejó un poco a un lado, pero desde 2012 viven una segunda etapa dorada y han mostrado su importancia.

La aparición de Facebook, Twitter, Apple, Instagram... ha hecho que la red de información pase de ser distribuida a información centralizada en cada red social. Así, en China han podido tumbar redes enteras sin ningún tipo de problema y la población se ha quedado sin información independiente. O los problemas de la NSA Americana y la información que comparte por ejemplo Facebook: no sabemos qué hace con ella, por no hablar de que todo lo que leemos lo decide su algoritmo. Este cambio se evidenció en la campaña de Obama a la presidencia en Estados Unidos. Facebook fue clave para su victoria. En los acontecimientos sociales y políticos anteriores esto había sido realizado a través de blogs.

Pero a partir del año 2012 se ha vuelto a los blogs, aunque de una manera diferente: se han profesionalizado.

Hasta 2008 los blogs se caracterizaban en general por su amateurismo. Cualquier persona hablaba de cualquier tema en forma de diario personal. Pero a partir de entonces –y sobre todo desde 2012– se han profesionalizado. La posibilidad de monetizar la economía de larga cola *(long tail)*, nichos que antes eran imposibles de abordar, ha hecho que hayan aparecido muchísimos blogueros especializados en una temática muy definida, micronichos con soluciones informativas muy específicas.

Los econblogs no han sido una excepción, aunque estos siempre han ido un poco por detrás en esa evolución.

Por esta razón son tan importantes los econblogs; son el único medio de información distribuida, independiente y sin filtrar.

La crisis económica iniciada en 2007-2008 nos ha enseñado lo interconectado que está el mundo a nivel financiero. La información ofrecida por los econblogs es importantísima.

Es curioso, pero los blogueros que en 2008 eran referencia en economía hoy siguen siéndolo: académicos de prestigio internacional. Al revisar la econblogosfera he visto una cantidad ingente de buenos econblogs, casi todos ellos escritos por investigadores de prestigio y economistas de referencia. Como veremos luego, los blogs han sido un medio de comunicación mucho más importante para ellos –investigadores y académicos– que para el resto de autores.

Información, tecnología y creatividad pesan cada vez más en el valor de la producción.

La manera de informarse es por lo tanto un elemento crucial. Por esta razón son tan importantes los blogs.

Evolución y consolidación

Los blogs están viviendo una segunda fase de crecimiento y consolidación, que comenzó en el año 2012. Este resurgir se debe a dos causas: la saturación informativa y la dispersión que provocan las redes sociales.

La saturación informativa procede por un lado de los múltiples dispositivos de consumo, del *smartphone* que llevamos siempre encima a la televisión o el ordenador en el trabajo. Estamos todo el día consumiendo información como unos yonquis. Tal es la fuerza de este cambio que los patrones de concentración y productividad han sido modificados.[72] La otra causa es la dispersión que provocan las redes sociales: si entras en ellas puedes estar dos o tres horas picando enlaces o imágenes sin hacer absolutamente nada. Mas *bytes* de información para ocupar toda la memoria RAM de nuestro cerebro.

Nos encontramos en la siguiente situación:

1°. Aparición de la blogosfera como gran medio (primer medio distribuido)

2°. Aparición de las redes sociales como conversación en la red (recentralización del medio de comunicación)

3°. Resurgimiento y profesionalización de los blogs (medio distribuido y descentralizado)

Con la aparición de las redes sociales Facebook, Twitter, Instragram, Linkedin y otras, se hizo popular una frase que corría

---

[72] Te recomiendo el libro *Superficiales: Qué está haciendo internet con nuestras mentes* de Nicholas Carr. Editorial Taurus. 2011. Madrid.

por internet: "El fin de los blogs". En un primer momento los blogs eran un medio que constituía una conversación (web 2.0.) y las redes sociales fueron mejores en esto porque dieron mucha más inmediatez y simplicidad. Y lo cierto es que blogs con determinada tipología, como los fotoblogs, fueron apartados …

Sin embargo, lo que ocurrió con la blogosfera fue justamente lo contrario. Esta competencia informativa obligó a evolucionar a la primera época de blogs, dando como resultado bitácoras mucho más profesionales tanto en contenidos como en base tecnológica y usabilidad. El bloguero aficionado de la primera época pasó a ser semiprofesional o profesional, en muchos de los casos. El resto acababa en su mayoría en el lado negativo de esa estadística, que dice que el más del 90% de los blogs desaparece antes de que se cumpla su primer año de vida, porque mantenerlo a largo plazo exige una motivación muy fuerte.

Es la clásica destrucción creativa que hemos descrito a lo largo del libro, la evolución adicional necesaria que solo se da gracias a la competencia que te desplaza. En este sentido, la blogosfera le debe mucho a las redes sociales; las plataformas de gestión de contenidos han evolucionado hasta competir con grandes medios. La más utilizada es Wordpress, un gestor de contenidos de código abierto que se actualiza constantemente gracias a la comunidad de desarrolladores que hay a lo largo del planeta. Más del 60% de las páginas de la red están construidas con este CMS –*Content Management System*–[73]. Las webs basadas en este sistema abierto reciben 5,5 millones de comentarios al mes y publican 1,5 millones de nuevos *posts* a diario[74].

De hecho muchos medios de comunicación y grandes empresas lo utilizan como base para sus *sites*. Hace menos de una década era impensable que alguien tuviera un blog con un

---

[73] 60,7% de webs con CMS propio. 23,4% del total de webs en el mundo.
[74] Fuentes: ManageWP, W3Techs y WordPress.

buen diseño y una buena base tecnológica a no ser que contratara a un estudio que se lo hiciera *a mano* con un coste enorme. Ahora resulta sencillo. Es lo mismo que ha sucedido con el *ecommerce:* ahora, con una sencilla pasarela de pago, productos y servicios se pueden ofrecer en cualquier *site* en la Red. Un simple *plugin*[75] te lo soluciona y te lo instalas tú.

Las redes sociales son mejores para la conversación en la Red, pero los blogs son mejores para informar de forma reposada y documentada, con opinión independiente. De hecho, se han convertido en el lugar de contenido pausado y reflexivo, en el sitio de la opinión del experto independiente.

En esta segunda etapa de evolución y consolidación de los blogs como gran medio de comunicación se está dando un hecho curioso y paradójico. A pesar de leer a través de pequeños dispositivos y disponer de menos tiempo para cada información debido al bombardeo constante de datos y opiniones que nos hace tener menos tiempo, ha resurgido el periodismo de largo formato.

En la Red, *largo* suele ser cualquier texto que supere las 1.000 palabras. Es curioso, porque esta longitud se ha ido ampliando desde el año 2000. Para que Google posicione mejor un artículo, es decir, que lo considere más relevante, hace unos años exigía un mínimo de unas 300 palabras, pero ahora si alguien quiere que *el señor Google* lo tome en serio tiene que escribir artículos mucho más largos.

Según un reciente informe de Pew Research Center de 2016 titulado *Long-Form Reading Shows Signs of Life in Our Mobile News World*[76] los artículos largos reciben el doble de atracción

---

[75] Un *plugin* es un trozo de código que sirve para dar una funcionalidad a un blog o web. Está diseñando para no tener que programar, se instala en el gestor de contenido, se configura y listo. Solo *WordPress* tiene más de 30.000 disponibles.
[76] http://www.journalism.org/2016/05/05/long-form-reading-shows-signs-of-life-in-our-mobile-news-world/

que el resto. Esto nos habla de que el lector quiere profundizar cuando busca información sobre un tema. En la era de la inmediatez esquizoide, los lectores buscan profundidad y pausa. Esa es la paradoja.

Aquí la blogosfera tiene todo el terreno para seguir ganando relevancia. Un bloguero no tiene prisa, no necesita resultados inmediatos, no vive del número de visitas ni de la publicidad ni tiene un consejo editorial.

Y el lector esto lo valora.

El nuevo periodismo está evolucionando y adquiriendo un *modus operandi* tomado de la blogosfera, hecho que beneficia a los nuevos medios y los lectores. El periodismo que está triunfando es el que elige menos historias, pero profundiza en ellas.

Es la esencia del *blogging*.

Ante una selva informativa con un milímetro de profundidad, elige los asuntos y ahonda en ellos.

El ejemplo de esto en España es la revista *Jot Down*. Artículos larguísimos de una calidad increíble sobre temas culturales. También están *Yorokobu* en diseño, *Revista Líbero* en deportes, *Esmateria.com* en divulgación científica y una gran parte de los econblogs que aparecen en el último capítulo.

Hace tan solo cinco años era extraño que un blog tuviera más de 50.000 visitas al mes y más de 10.000 suscriptores. Había que mirar en la blogosfera de Estados Unidos y aun así solo los blogs supertop llegaban estos números.

Hoy existen muchísimos blogs de habla hispana que superan estas cifras y, por supuesto, también de habla inglesa. Solo los grandes medios los baten y las grandes empresas –con un equipo de comunicación y presupuesto potentes– consiguen más tráfico y suscriptores[77]. Cualquier blog un poco relevante tiene más de 50.000 visitas al mes en España y una comunidad de más de 10.000 de suscriptores que sigue la *historia semanal*[78] que va a contar.

Los econblogs y los medios digitales

El debate en la blogosfera ha abierto nuevas vías de discusión, cada vez es más difícil para los académicos y economistas funcionarios en puestos de responsabilidad pública responder a las paradojas de la realidad tirando de rango e historial de títulos académicos de doctorado y artículos publicados por alguna universidad o revista científica *mainstream*. El papel lo aguanta todo, pero la realidad es inmisericorde con aquello que no funciona, es estéril, o simplemente no existe.

En 2011 un economista de la Reserva Federal de Richmond –un tal Kartik Athreya– empujó este debate a nivel público con un artículo[79] que llevaba por título *La economía es difícil. No deje que los blogueros le digan lo contrario*, en concreto decía:

"En este ensayo defiendo que no es probable que ni los blogueros no economistas ni los blogueros economistas que hacen que parezca que la economía es una tarea sencilla con conclusiones claras realicen buenas contribuciones al debate en la ciencia económica. Por

---

[77] En este último caso, debido al presupuesto en comunicación y publicidad en buscadores, compra de enlaces, pago por aparecer en medios de gran autoridad para la Red o pago para adquirir bases de datos de suscriptores. Las grandes empresas se han lanzado al *content marketing* para vender, copiando el gancho informativo de los blogs. El problema que tienen en general es que al no tener detrás una personalidad, una persona, los blogs corporativos rara vez tienen lo que se llama *engagement* para que los lectores se suscriban.

[78] Los blogs individuales de autoridad suelen escribir a la semana un artículo largo y profundo. En el caso de blogs asociativos o de varios autores suele haber uno o dos artículos diarios.

[79] http://www.richmondfed.org/research/economists/bios/athreya_bio.cfm

tanto, deberían ser ignorados por el público no experto de mente abierta."

Su argumento era que la economía es una ciencia muy difícil no apta para profanos, en la que solo tienen cabida sus majestades académicas, los divinos sacerdotes, y que no se podía escribir en blogs sobre estos asuntos ni opinar sobre ellos pues se acercaba a la herejía. Ni tan siquiera pretender entenderla. Lo digo en tono jocoso, pero créeme, muchos de los académicos que están allá arriba piensan de esta forma. No es ninguna broma.

Para darle más cera, aludió a algunos de los mejores blogueros no académicos y a académicos, como Paul Krugman o Brad DeLong, acusándolos de querer enseñar economía como algo sencillo.[80]

Lo mejor de todo fueron las respuestas ingeniosas de los aludidos, que respondieron rápidamente con artículos del tipo *Bloguear es difícil. No deje que los economistas le digan lo contrario*[81], *Economistas haciendo el idiota*[82] o *No deje que los economistas de la FED le digan lo contrario*. Paul Krugman respondió a Athreya en su blog del *New York Times* bajo el título *Nosotros y nuestros blogs*[83], posicionándose a favor de los blogueros economistas que están fuera del mundo académico, porque según él contribuyen al debate económico de manera muy productiva.

Por estas razones los economistas independientes están a favor del blog como medio de comunicación de sus investigaciones y opiniones.

---

[80] *S3F: Blogueros económicos* de Samuel Bentolilla en *Nada es gratis*. http://nadaesgratis.es/bentolila/s3f-blogueros-economicos
[81] http://www.classicalvalues.com/archives/2010/06/blogging_is_har.html
[82] http://www.economist.com/blogs/freeexchange/2010/06/economics_2
[83] http://krugman.blogs.nytimes.com/2011/10/18/our-blogs-ourselves/?_r=1

Mira el cuadro que te muestro a continuación.

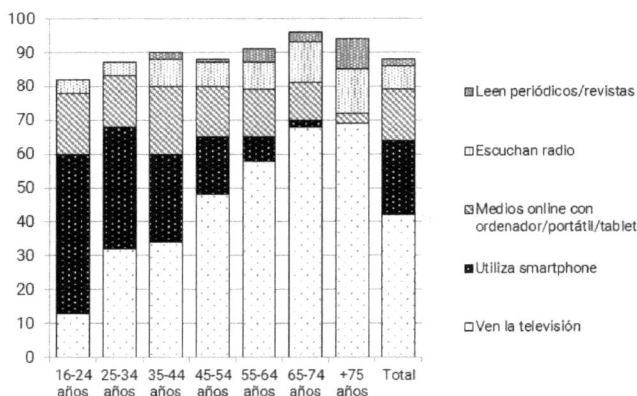

Es un estudio que se ha convertido en clásico y que es analizado por los principales medios de comunicación, entre ellos el prestigioso *New York Times*. Lo elabora anualmente un *think tank* europeo llamado *Ofcom*.

Los datos asustan. Estremecen. El título que acompaña siempre al gráfico es: *¿Cuál es el medio que más pierde?* Es curioso, porque la tele tiene una caída brutal, pero los que más pierden son el periódico y las revistas, los medios impresos, ya que desaparecen totalmente. Sí, desaparece. Por debajo de los 34 años no se lee. Con el agravante de que los hábitos de consumo son estructuralmente invariables con la edad, es decir, que los hábitos que cultivas en tus primeros años a la hora de consumir se mantienen bastante estables a lo largo de tu vida. Los que estamos en la franja de entre los 25 y 45 años, aparece bien reflejado, picamos un poco de todo más o menos en la misma proporción: tele, móvil, radio, periódico, revistas y ordenador. Es impresionante el acceso a la información a través del *smartphone*, hasta los 24 años casi la mitad de todo lo que se

---

[84] Elaboración propia a partir de *Ofcom's Annual Adults' Media Use and Attitudes Report* 2014.

consume se hace a través de este medio. Otro dato curioso es que la radio, a pesar de tener una cuota pequeña, se mantiene más o menos estable en todas las franjas de edad, aunque entre los más jóvenes se escucha menos –la mitad– sigue teniendo su nicho.

Visto de otra forma. El CEO de la revista *Business Insider* – Henry Blodget– acudió a la famosa conferencia *Ignition: future of digital*[85] de 2014 en la que intervienen los principales gurús de los *mass media* digitales –Amazon, *Facebook*, *Bloomberg*, *Tumblr*, *YouTube* o el propio *Business Insider*, entre otros– con este estudio y la siguiente reflexión: "Si preguntamos a un grupo de personas entre 16 y 24 años y otro grupo de personas de más de 75 años '¿qué medios de comunicación echarías de menos?', esto es lo que tendríamos".

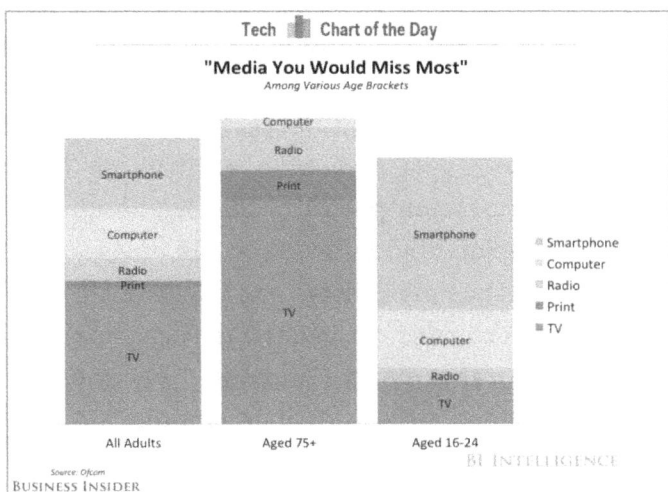

Original de *Bussines Insider* en http://goo.gl/DdHV2S

Los jóvenes menores de 24 años ignoran por completo la edición impresa, ven muy poco la televisión y centran el uso de la información en el *smartphone* y el ordenador personal. Se ve claramente la transición de los medios tradicionales –radio,

---

[85] http://www.businessinsider.com/event/ignition-2014

periódico y televisión– a los nuevos medios digitales –gracias a ordenador, *tablet* y *smartphone*–.

El acceso a la información económica, su consumo, no escapa a este cambio estructural. ¿Quién no lee el periódico a diario en internet?, ¿quién no accede a noticias a través de las redes sociales en las que participa?, ¿quién no tiene alguna web o blog especializado al que acude con cierta frecuencia para leer sobre su *hobby*?

Tanto los periódicos digitales como los blogs han dado un salto cualitativo enorme. Hace menos de una década existían periódicos digitales, pero salvo los dos o tres de mayor tirada en papel, que mimetizaban lo mismo en la Red, los puramente digitales dejaban bastante que desear, tenían una calidad muy limitada, contenidos y diseño muy pobres, poco presupuesto y los buenos especialistas todavía se encontraban en la tirada de papel. Con los blogs especializados en materia económica ha sucedido lo mismo. Pero la crisis del sector y de la economía en general por un lado, y la evolución y curva de aprendizaje propias de toda innovación por otro, han hecho que estos dos medios hayan experimentado un salto cualitativo y cuantitativo impresionante. Muchos periodistas con experiencia expulsados al paro han sido recogidos en pequeñas redacciones de unos nuevos medios francamente buenos, y unos cuantos profesionales de la economía se han lanzado a escribir sus propios blogs, unas veces de forma individual y otras de forma colectiva, ofreciendo unos análisis de primer nivel con unas plataformas de *blogging* muy avanzadas respecto a las 1.0 de hace escasos años, con una estética y facilidad de lectura sorprendentes. Luego la figura del lector-reportero de la web 2.0 ha hecho que esos mismos periódicos y blogs se retroalimenten con la realidad y el ciudadano reflexivo y en otras ocasiones crear medios colectivos alimentados por los propios lectores.

Los medios impresos están envejeciendo con sus lectores, esto parece que puede ser un problema por la carencia de ingresos procedentes de la publicidad. O no. Depende. Para el tema que trata este libro es un elemento imprescindible porque se obtienen dos aspectos necesarios que en los medios tradicionales no existen; la independencia y el carácter pedagógico. Estos medios ofrecen una comunicación bidimensional en la que se produce un aprendizaje continuo, la facilidad de acceso y carácter visual hacen que la información se propague con mayor facilidad, además se crean comunidades que interactúan entre si y debaten. Ten en cuenta que el blog es el lugar de opinión pausado, suelen escribirlos profesionales del mundo de la economía con muchísima experiencia y conocimientos en su tiempo libre. Al diario acudes a la noticia, al blog acudes a la reflexión, a la opinión.

Los blogs o bitácoras son sistemas personales, automáticos y sencillos de publicación. Al extenderse su uso gracias a la globalización, los ordenadores personales y la conexión mediante fibra óptica en todo el mundo, se han convertido en el primer gran medio de comunicación distribuido de la historia.

Su potencia reside en que no existe capacidad de filtro, ninguno de ellos es determinante –sino el conjunto o blogosfera– y tienen su propia agenda pública, que es espontánea.

En la era internet millones de ordenadores domésticos conectados, iguales desde un punto de vista jerárquico, dan lugar a la era de las redes distribuidas de información. Esta nueva estructura de información genera una nueva estructura de poder.

El periódico clásico como fábrica de noticias es un sistema informativo de la era industrial. De hecho es un sistema informativo industrial en sí mismo. Un sistema en el que para poder escribir y dar una opinión hay una barrera de entrada equivalente a la de montar una fábrica. Lo mismo ocurre con el mundo editorial de libros y discos. Los filtros y procedimientos de publicación son análogos.

Esto lleva a una de las características y grandezas de la nueva economía y esta nueva forma de comunicar e informar: la autonomía personal gana enteros respecto a las instituciones establecidas y las barreras de entrada ya no son un problema.

Los blogs personales han evolucionado en tres tipos diferentes:

1. Blogs de opinión personal
2. Blogs profesionales (de nicho)
3. Selección de noticas y *press-clippings* personales

Estos tres tipos de blogs suponen un verdadero proceso de reorganización del poder que tiende a una estructura de información distribuida.[86]

De la misma forma en que los blogs han puesto en jaque a los *mass media* y las estructuras de poder que hay detrás de ese tipo de información descentralizada, los econblogs están haciendo lo propio con la información económica, los filtros de opinión pública al respecto, las políticas aplicadas y la enseñanza y futuro de la propia disciplina.

El medio de comunicación a imagen de esta nueva economía de información distribuida es la blogosfera. Esta se encuentra impulsada por el cambio tecnológico y se ha demostrado que es capaz de modificar la agenda pública en momentos puntuales. Todo ello, debido a la fuera del conjunto y la influencia de varios blogs, y no solo a la de uno en particular.

---

[86] *El poder de las redes*, David de Ugarte, Ediciones el Bronce, Barcelona, 2007.

The Becker-Posner Blog

La mejor manera de comprender este cambio es ver uno de los mejores ejemplos de lo que han supuesto los econblogs; la historia del blog de Gary Becker y Richard Posner. Dos de las mayores luminarias sobre economía del último siglo.

Richard Posner, juez federal en Estados Unidos, experto en temas financieros, es uno de los autores más prolíficos y reputados. Posner pensaba que la mayoría de los expertos escribían para sí mismos y la escritura académica no estaba enfocada a los lectores (audiencia).

Afirmaba que la opinión pública estaba llena de "falsos intelectuales públicos" y se preocupaba por todos aquellos que vertían opiniones y recomendaciones erróneas a la audiencia sin un mecanismo que los controlara.

Entonces uno de sus antiguos empleados en la corte de apelación y profesor de Harvard, Lawrence Lessig, propuso a Posner que creara su propio blog. Lessig, que había lanzado su propio blog [lessig.org] dos años antes (en 2002), es el fundador de *Creative Commons* (2001), las nuevas licencias de propiedad intelectual y expansión del dominio público que revolucionaron el trabajo intelectual de la nueva economía.

Gary Becker es premio Nobel de Economía y uno de los mejores economistas del último siglo, sin duda, por todas las aportaciones que ha realizado. El clásico economista orientado a la investigación académica.

Su primera apertura al *mundo exterior* vino en 1985, cuando la revista *Business Week* le invitó a escribir y fue convencido por su mujer y algunos colegas de trabajo. La colaboración duraría 19 años y, según el propio Becker, "el contacto con los lectores ha sido uno de los placeres inesperados de escribir estas columnas".

Le obligó a abrirse a nuevas ideas y más radicales. Tuvo una influencia alquímica recíproca que marcaría el resto de su trayectoria profesional a partir de los años 90 en dos sentidos. Por un lado, la mayoría de sus *papers* serían escritos junto con estudiantes. Y por otro, sus *papers* se volverían cada vez más cortos y simplificados, convirtiéndose en una introducción a nuevos fenómenos económicos abiertos a un público más amplio. Y aunque seguía publicando *papers* técnicos para las principales revistas, estos cada vez contenían menos matemáticas.

El paso siguiente sería el blog.

En julio de 2004 Gary Becker dejó de escribir su columna para *Business Week*. Pero Becker había cambiado y echaba de menos escribir regularmente sobre diversos temas para el gran público. Fue entonces cuando invitó a Richard Posner para que debatiera junto a él a través de un blog. Becker percibía al *blogging* como la ola del futuro y la manera de satisfacer su hambre intelectual por resolver los problemas reales del mundo.[87]

En aquel momento Posner estaba escribiendo en el blog de Lessig, así que cuando este le propuso crear su propio blog, Posner aceptó, pero si lo hacía junto con Becker. Lessig les ayudó a crear la parte técnica y así nació *The Becker-Posner Blog*[88].

En diciembre de 2004 escribieron su primer *post*, titulado *Introducción*, donde incidían en la importancia del *blogging* y explicaban sus razones para hacerlo. La blogosfera era el nuevo mecanismo de "precios de mercado", el lugar donde se asignaría de manera eficiente el recurso escaso de ideas.

---

[87] 2004 es el año que algunos denominan como el final del *ancien régime* de los medios tradicionales, cuando un grupo de blogueros reveló fallos en los documentos utilizados por la CBS sobre el servicio de George W. Bush durante la guerra de Vietnam.

[88] http://www.becker-posner-blog.com/

Resulta revelador el papel transformador y central que le dan al blog dos de las eminencias sobre economía más grandes de nuestro tiempo.

Los artículos se dejaban de tonterías en formalismos académicos para ir al grano del asunto. El blog era un espacio que les permitía hacer esto, algo impensable en otros medios. Podían experimentar y refinar sus reflexiones. Utilizaban argumentos teóricos, observaciones de los acontecimientos y puntos de vista sobre las políticas económicas de forma que evolucionaban de manera conjunta, e influenciaban a otros economistas y lectores sobre teorías poniéndolas a prueba, pero sin los formalismos necesarios de un *paper* de investigación o una revista científica *mainstream*, y con el rigor suficiente para hacer juicios y análisis provocativos con legitimidad.

Y esto le dio al blog el tono provocador que lo caracteriza.

Una libertad imposible de tener en un medio tradicional, y mucho menos en los medios académicos como *papers* o artículos en revistas especializadas.

Por estas razones Becker confesó que prefería escribir en el blog a cualquier otro medio. No tenía que llegar a ningún acuerdo con editores.

Se dieron cuenta de la libertad que supone escribir para una audiencia más amplia no técnica, fuera de los escritos académicos, que les permitía presentar ideas mucho más provocadoras y expandir su conocimiento. Algo que en el sistema de publicaciones cerrado académico hubiera sido imposible. Para ellos fue un medio más interesante incluso que la publicación de libros a gran escala y escribir en las principales revistas y periódicos.

El blog es un medio muy flexible que les ha permitido expresar las diferentes sensibilidades sobre distintos temas desde puntos de vista provocativos y radicales.

Y, sobre todo, tratar multitud de temas contemporáneos importantes para el ciudadano y explicar qué políticas públicas se podrían aplicar.

Los econblogs son la herramienta más eficaz para expandir y difundir la investigación e ideas económicas. Sean estas académicas o no. Más gente lo lee, lo discute y lo comparte. El efecto red hace el resto. Leer en un blog sobre nuevas ideas económicas hace que el lector esté abierto a los nuevos cambios que estas incorporan, algo dificilísimo de otra forma, puesto que el sesgo psicológico *de anclaje* hace que nuestra opinión preestablecida sobre cualquier asunto sea difícil de cambiar.

El blog duró hasta julio de 2014, fecha en la que murió Gary Becker. Hasta entonces se publicaron varios cientos de artículos –*posts*– y es una de las bitácoras más influyentes del planeta.

Los blogs atraen menos atención y tráfico que los medios tradicionales. Tienen menos influencia en la agenda pública que aquellos. Pero proporcionan una enorme red de trabajo en la que expandir nuevas ideas y discutirlas, y pueden influir de forma directa sobre estas.

'Nada Es Gratis': hijo intelectual de 'The Becker Posner Blog'

Volvamos a los años 90 de Gary Becker, cuando se empezó a notar el efecto que provocaban sus columnas en *Business Week* ante un público más general. Uno de los efectos que hemos descrito es que la mayoría de sus *papers* acabaron siendo escritos junto con sus jóvenes ayudantes, el otro que sus trabajos fueron cada vez menos matematizados, y más sencillos, cortos y directos.

Dos de sus ayudantes en aquellos años 90 en la Universidad de Chicago eran Tano Santos y Luis Garicano. Dos de los editores del blog *Nada Es Gratis*[89] –en el caso de Garicano uno de sus editores fundadores–, el mejor blog de economía no solo de España, sino de toda la blogosfera hispana. Si el español tuviera el mismo peso en la Red que el inglés, con toda seguridad *Nada Es Gratis* sería uno de los diez blogs más importantes e influyentes del planeta.[90]

En el escriben gran parte de los mejores economistas de España, todos ellos investigadores en las mejores universidades del mundo. Es el blog por excelencia en habla hispana y mantiene los principios básicos del *blogging*, con una apertura que molesta a muchos poderosos. Tal es el caso que tuvo que hacerse fundación independiente –se mantienen a base de donaciones anónimas– y separarse de FEDEA (Fundación de Estudios de Economía Aplicada)[91], órgano al que pertenecía en 2014.

Ya en septiembre de 2013, Luis Garicano –uno de sus editores jefes de entonces–, escribió su último *post* como editor jefe, resultado de las presiones del partido que en ese momento gobernaba en España, el Partido Popular, porque no le gustaban nada las críticas a su política económica.

Rescato un fragmento revelador de dicho *post*, titulado *Mi última entrada (como editor): una reflexión personal*[92], donde reflexiona sobre el poder económico y la prensa en España:

---

[89] http://nadaesgratis.es/
[90] Fue creado en 2009 por iniciativa de Pablo Vázquez y Javier Diaz Giménez. Sus editores fundadores fueron Luis Garicano Javier Díaz-Giménez, Jesús Fernández-Villaverde, Juan Carlos Conesa y Juan Rubio. La primera entrada es del el 16 de junio del 2009.
[91] Centro de Estudios nacido en 1985 de la mano de Luis Ángel Rojo, entonces director del servicio de estudios del Banco de España.
[92] http://nadaesgratis.es/garicano/mi-ultima-entrada-como-editor-una-reflexion-personal

Los blogs y la libertad de prensa

Una de mis preocupaciones recurrentes en el blog ha sido la relación entre la prensa y el poder económico de España. Como comentaba arriba, mi primera entrada era sobre Iberdrola y los medios de comunicación (su silencio acrítico con sus errores de gestión). Incidiría luego en el tema un mes más tarde, el 20 de julio, con el tema de la prensa y el poder económico con una entrada sobre la absolución por prescripción de César Alierta, y la falta de información en la prensa al respecto. Jesús volvió luego al tema con una entrada magistral en la que mostraba con sutileza lo absurdo del razonamiento del Supremo.

Antes de empezar el blog, Mariano Guindal, periodista ilustre y querido, me había dicho: 'Luis, no te engañes, en España de las grandes empresas ni se habla en prensa si ellas no quieren. Las empresas gigantes son sagradas, porque la prensa está entre la espada y la pared y necesita todo el oxígeno de publicidad posible, y si alguno de estos grandes cortan el grifo, pues se terminó'.

Para ilustrar el punto, aquí van dos ejemplos transparentes. Cuando El Corte Ingles empezó a renegociar su deuda, la noticia, como suele suceder, vino de Bloomberg. La prensa española en general se limitó a informar de la nota que emitió el propio El Corte Inglés como respuesta a la noticia de Bloomberg explicando que, vaya suerte, iban a pagar menos por su deuda y que los bancos básicamente estaban suplicando entrar en la renegociación ("se está haciendo en colaboración con las principales instituciones financieras del país con las que el grupo mantiene muy buenas relaciones históricas y que ya han manifestado su interés por participar en el mismo"). Leed las dos versiones porque es surrealista:

Bloomberg arriba y la "traducción" en dos medios líderes españoles (elegidos por ser de los cuatro mejores, uno general y otro económico, uno de un grupo, otro del otro, pero sería igual en los demás) (1) y (2), vamos, que no es sesgo ideológico. También 'lost in translation' fue la noticia en Bloomberg del verano pasado sobre la reforma eléctrica, en la que se hablaba con claridad de cómo el hermano del ministro Montoro y el hermano de su jefe de gabinete tenían una consultoría que asesoraba a las empresas eléctricas, y en la que Montoro declaraba simultáneamente dos cosas totalmente contradictorias: que no había conflicto por que la ley era potestad del ministerio de industria, pero que en todo caso "hasta que yo lo decida, esto no va a suceder". Por nombrar a los mismos dos periódicos líderes y representativos, (1) le echa agallas y menciona el notición en el último párrafo de su crónica, como de pasada, mientras que en (2) ni se menciona, la crónica parece la de un simple cruce de declaraciones. Por supuesto, la repercusión de la noticia, en España, fue nula (y desde aquí, 'mea culpa', no hicimos nada por remediarlo en ninguno de los dos casos).

Una cosa tiene que quedar clara. Esto no es culpa de los periodistas. Nada les gustaría más que contar la realidad que saben y que se tienen que callar o solo pueden apuntar en unas líneas. Simplemente, las 'economics' del negocio mandan, y no están las cosas como para enfrentarse a los que simplemente son capaces de pagar un suplemento entero a la semana con su publicidad.

Pero sí es algo que recalca la enorme importancia para España de los blogs, como este, como 'Hay Derecho' o como 'Politikon', que son independientes porque los que *escriben en ellos no le deben nada a nadie, ni aspiran a ninguna otra cosa que no sea mantener la confianza de sus lectores. Pero juegan un papel crucial. Usando la afortunada expresión de Raghu Rajan y Luigi Zingales: 'Es necesario salvar al capitalismo de los capitalistas'.*

El modelo de negocio agotado que tienen los medios tradicionales, con la dependencia de la publicidad, es el problema –no sus periodistas, como dice Garicano–. Es una muestra más de esta transición a la nueva economía, el nuevo paradigma económico, que estamos viviendo y del que nadie puede escapar.

De alguna forma, *Nada Es Gratis* es el hijo intelectual de *The Becker-Posner Blog*, el primer gran medio distribuido *online* de la nueva economía. Y lo es por la apertura que ha supuesto al conocimiento económico, la defensa del análisis independiente, la talla académica de sus autores, la incidencia en la agenda pública, la discusión pública y las relaciones inevitables de sus integrantes con aquellos, aunque esta última sea solo circunstancial.

Importancia de los econblogs en la evolución de la disciplina y el mundo académico

Una de las cosas geniales que está dejando la destrucción creativa impulsada por la crisis económica mundial iniciada en 2007 es sin duda la aparición de nuevas vías de pensamiento crítico en forma de blogs, redes colaborativas y periódicos independientes. En épocas de crisis surgen nuevas formas de pensamiento que intentan dar respuestas a los nuevos acontecimientos y las nuevas industrias que surgen. Estas nuevas explicaciones y visiones, impulsadas por la necesidad, serán las teorías explicativas de las generaciones siguientes.

El *blogging* es, sin duda, uno de los procesos de destrucción creativa de la ciencia económica, que está provocando el desarrollo de nuevas explicaciones.

La teoría toma tierra y se vuelve adaptativa: se propaga, se discute y millones de personas la testean

Por estas razones los economistas independientes están a favor del blog como medio de comunicación de sus investigaciones y opiniones, por eso no debería sorprendernos que parte de la cátedra académica no acepte este cambio, porque se tambalea el nicho cautivo donde se han movido durante el último medio siglo como señores feudales por su casa. No pueden aceptar la innovación en su estado natural (sí de forma teórica) ni la comunicación de esta.

Además, medios como Twitter han amplificado esta apertura. Si bien los blogs, ya sean personales o asociativos, necesitan de un trabajo y disciplina para dar cierta calidad y continuidad al lector medio, Twitter y otros medios sociales más informales y espontáneos dan buenos frutos con economistas estrella independientes tipo Tim Harford, Justin Wolfers, Andrew Ross Sorkin, Jeffrey D. Sachs , Nouriel Roubini , J. Bradford DeLong y muchos otros del mundo angloparlante hasta P. Krugman, J. Stiglitz o George Soros. En el caso de España –con números más modestos– tenemos a Luis Garicano, Xavier Sala-i-Martin, Enrique Dans, Emilio Ontiveros, Juan Ramón Rallo, Carlos Rodríguez Braun, Santiago Niño Becerra, Marc Vidal, Daniel Lacalle, José Carlos Díez, Vicenç Navarro, Fernando Trías de Bes o José María Gay de Liébana, que publican decenas de comentarios y retuitean artículos de sus fuentes que miles de seguidores leen a diario.

Otros economistas reconocidos, que no tienen tiempo de tener un blog debido a su intensa actividad profesional, hacen comentarios sobre publicaciones y *posts* que creen valiosos y dan un enorme valor añadido a los lectores que les siguen, contribuyendo de manera muy activa a la discusión y divulgación económica. Lo más novedoso de esta comunicación más informal es el *feedback*, argumentos de desconocidos en forma de comentarios que retroalimentan el debate y hacen esforzarse doblemente al que escribe.[93]

En algunos de esos blogs los comentarios son tan interesantes como el propio artículo. En España tenemos varios ejemplos, pero el más destacado a mi juicio es el de *Nada Es Gratis*[94], donde hay unas discusiones de un nivel altísimo y una comunidad muy activa. El caso de *El blog Salmón*[95], *Economistas frente a la crisis*[96], *El blog de Enrique Dans*[97] o *Politikon*[98] también son dignos de mención. En el mundo anglosajón –en Estados Unidos en particular– el panorama se abre mucho más, con varias decenas de blogs con cientos de miles de suscriptores y seguidores, millones de visitas y unos artículos para caerse de la silla.

Teniendo en cuenta el nivel de los artículos y los comentarios de forma conjunta, destacan sobre el resto *Naked Capitalism*[99] y

---

[93] Aquí hay un poco de todo, desde el lector seguidor con conocimientos, hasta el *troll* que insulta. Aunque para ello hay mecanismos de gestión en los comentarios del blog. En Twitter no se tienen estos mecanismos, una gran desventaja de un medio centralizado frente a un medio distribuido, el blog.
[94] http://nadaesgratis.es/
[95] http://www.elblogsalmon.com/
[96] http://economistasfrentealacrisis.com/
[97] https://www.enriquedans.com/
[98] http://politikon.es
[99] http://www.nakedcapitalism.com/

Crooked Timber[100], aunque aquí ya entran los gustos de cada uno y la preferencia de los temas. Yo mismo utilicé algunos de esos comentarios en alguna argumentación de mi libro *Despierta*. Los artículos son excelentes, pero los comentarios están a la misma altura.

Se enseña a los lectores y se aprende de ellos, con planteamientos, preguntas y casos reales y útiles. El contacto con la realidad de las personas, los mercados, los lectores reflexivos y las noticias del día a día descartan las ideas felices o los planteamientos irreales que no se pueden dar, de esta forma se acaba con *el papel lo aguanta todo* de muchos debates e ideas estériles. La apertura que supone todo esto no tiene miras con las ideas que se quedan obsoletas, la rigidez, la ortodoxia y las teorías e ideas irrealizables.

Resulta paradójico leer a un académico sobre la innovación y que luego no la acepte en su profesión. *Papers* y más *papers* con fórmulas sobre los procesos de innovación en las organizaciones y luego son incapaces de abrirse a ese proceso en su realidad. Todo lo que se institucionaliza tiene un grado de perversión; acaba degradándose, porque los incentivos cambian.

No debemos olvidarnos del fenómeno de las asociaciones de estudiantes de distintas universidades de economía que han surgido tanto en Europa como en Estados Unidos (como *Post-crash Economics Society*, *Post Autistic Economics*, *Rethinking Economics*, *Young Scholars Initiative*, *New Economy Coalition*, entre otras), que están construyendo redes de trabajo y blogs asociativos superinteresantes, pidiendo cambios en los programas universitarios y exigiendo un mayor debate y una disciplina más abierta y transversal.

---

[100] http://crookedtimber.org/

Blogs y blogueros económicos: 'economic blogging'

En el año 2008 Aaron Schiff (de la Universidad de Auckland, Nueva Zelanda) realizó un estudio[101] sobre la actividad de los blogs de economía utilizando análisis estadísticos de investigación económica. Se basó en una entrevista con una serie de preguntas a 183 econblogs, los que consideraba más relevantes. Los resultados fueron separados en tres grupos:

– Blogueros académicos y no académicos

– Blogs con contenidos comerciales y sin contenidos comerciales

– Tiempo invertido en escribir los *posts*

Se realizaron las mismas preguntas de forma personalizada al correo personal de los 218 autores –algunos blogs son escritos por varias personas–, con respuesta anónima y solo el registro de la IP. Respondieron 107.

Algunas de las preguntas eran ¿qué edad tienes?, ¿cuánto tiempo llevas blogueando?, ¿eres profesor, empleado o estudiante de una universidad o institución educativa?, ¿blogueas bajo tu nombre real?, ¿en cuántos blogs escribes al menos una vez al mes?, ¿con qué frecuencia dejas comentarios en otros blogs para los que no escribes?, ¿cuánta gente lee tu blog por día de media?, ¿cuántos autores escriben en tu blog de forma regular al menos una vez al mes?, ¿cuántos *posts* escribiste el mes pasado?, ¿Cuántas horas dedicaste el mes pasado a tu blog? Así, hasta 39 preguntas.

---

[101] *A Survey of Economics Bloggers. University of Auckland.* 2008. https://papers.ssrn.com/sol3/papers.cfm?abstract_id=1080238

	Académicos	No académicos
Participación sobre el total	66,3%	31,7%
Usa el nombre real	89,9%	81,8%
Tiene publicidad	27,5%	30,3%
Anuncia otros servicios/productos	26,1%	24,2%

El cuadro anterior se refiere al número de blogueros. Es interesante ver que, de los blogs más relevantes, las dos terceras partes pertenecen a economistas académicos. ¿Qué quiere decir esto? Que el blog es una herramienta mucho más importante para el investigador/académico en contra de lo que la intuición nos indica en principio.

El tiempo que dedican los blogueros académicos a escribir *posts* es la mitad de los no académicos. Está claro que elaborar un buen artículo de economía cuesta mucho menos tiempo a un investigador/docente que a un profano de la divulgación. Pero los no académicos escriben un 40% más que los académicos. Concluyendo: los académicos hacen un uso mucho más eficiente de esta herramienta, pero los no académicos la contrarrestan con una producción mucho mayor, ayudando en mayor medida al debate.

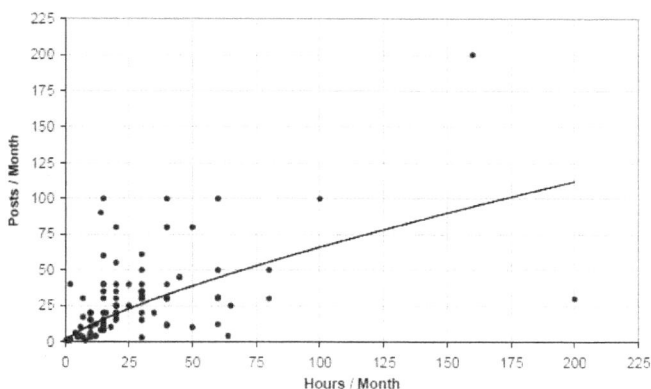

Figure 2 Estimated relationship between posts and hours per month.

Como podemos ver, hasta los 25 *posts* invierten entre una y dos horas por entrada, siendo casi todos mayores de 1. Luego la línea de regresión se vuelve más plana y nos indica que la cantidad de horas para escribir un *post* adicional se incrementa. Aproximadamente un 25% de los blogueros está dentro del cuadrante de 25 *posts* al mes o menos. 25 *posts*/mes es una cantidad muy elevada, significa una entrada al día, cantidades mayores suponen una barbaridad, de ahí que 2 de cada 3 sean académicos, pues tienen muchísimo más tiempo y replican su trabajo. De todas formas el estudio se hizo sobre los blogs más relevantes en ese momento, es decir, la frecuencia de un blog de economía medio individual es menor, solo es posible mantener esa frecuencia con la colaboración de varios autores, como ocurre de hecho en la mayor parte de los blogs de economía de cierta autoridad.

El impacto real de los blogs económicos en la investigación

Desde que aparecieron blogs como *Freakonomics*[102], *Marginal Revolution*[103], *Naked Capitalism*[104], *The Big Picture*[105], todos ellos con más de 500.000 visitas mensuales y decenas de miles de suscriptores cada uno, y columnistas-blogueros en periódicos digitales de primer nivel como Paul Krugman en el *New York Times*[106] o Tim Harford en el *Financial Times*[107], los estudiantes y los no estudiantes del entorno económico utilizan los blogs como lugares de lectura y aprendizaje sobre economía; más de un millón de personas están leyendo y reflexionando sobre sus

---

[102] http://freakonomics.com/
[103] http://marginalrevolution.com/
[104] http://www.nakedcapitalism.com/
[105] http://ritholtz.com/
[106] http://krugman.blogs.nytimes.com/
[107] https://www.ft.com/life-arts/undercover-economist

posts diariamente. Esta enorme cantidad de cabezas pensantes dan un *feedback* impresionante a los artículos publicados y si son innovadoras ayudan a compartirlas y explicarlas a otros, pero también aplastan por paliza las ideas que no funcionan.

Ventajas del *blogging* como instrumento de investigación

Los *papers* tradicionales revisados varias veces antes de ser publicados –*peer-reviewed*– tienen un valor que nadie pone en duda (aunque sean erróneos), sin embargo tienen muchas limitaciones a la hora de compartir las ideas que defienden. Son muy lentos, normalmente necesitan varios meses para ser escritos, luego otros tantos meses para pasar el proceso de revisión hasta que finalmente son publicados. La mayoría del tiempo de cocción de un *paper* se pasa en la revisión o en la espera sobre la decisión de algún editor para publicarlo.

Luego son un medio inapropiado para su debate; se trata de debates entre el autor y sus revisores. Además no suelen ser públicos, y en aquellos debates que sí lo son, la participación está limitada a los actores mencionados –autor y revisor–, por lo que el impacto del trabajo y su debate es muy reducido.

Los blogs suplen estas carencias, se han configurado como un inigualable medio complementario a la investigación tradicional. Estas son las razones:

- Se incrementa el número de lectores de las investigaciones económicas.
- Mueven la información muy rápido. Un *post*, por muy largo que sea, solo toma unas horas su redacción, la publicación es instantánea y es revisada públicamente

después de haber sido escrita (no antes, como en los *papers*).

- Son un lugar de discusión y debate muy intenso, heterogéneo y que se propaga con mucha rapidez por múltiples canales. Pueden recibir comentarios de lectores anónimos que están fuera del circuito académico, pero con un nivel de conocimiento alto en el asunto tratado.

- No solo es un sitio de libre acceso para los lectores, es libre también para los autores, bastante fácil de usar y con una estética que suele resultar atractiva para su lectura.

- Es un foro independiente –de las líneas editoriales–, de intercambio riguroso de ideas. Existen numerosos casos de *papers* científicos que han sido un fraude y que los revisores no han podido detectar, que gracias a la insistencia de algunos blogueros han salido a la luz, como se señala en el blog *Retraction Watch*[108].

- Pueden tratar temas que no son apropiados para los *peer-reviewed papers* tradicionales. El caso más palmario es la marginación de los departamentos de investigación y revistas económicas científicas de todo lo que no sea economía ortodoxa. Se terminó el éxodo a la periferia académica.

Este es el caso de los académicos-blogueros que he nombrado al principio y muchos otros, que comenzaron a escribir sus propios blogs tras el desencadenamiento de la crisis financiera global en 2008, para intentar dar respuesta a los fallos de mercado y de la propia disciplina, tema que no pueden tratar en sus despachos pero si en su blog.

Opiniones personales, debates abiertos, discusiones y poner en tela de juicio las decisiones de política económica y los que se

---

[108] http://retractionwatch.com/

daba por descontado en los libros de texto de economía. Los blogs están permitiendo el desarrollo de la disciplina que ha sido apartada por las instituciones durante varias décadas; la disciplina económica hay que repensarla y debe evolucionar.

En estos momentos el *blogging* es el punto central que explica cómo los economistas de vanguardia intercambian sus ideas. Muchos de ellos tienen blogs y los que no los tienen participan activamente en ellos leyendo, comentando y compartiendo los artículos. Y esta es la fuerza del *blogging*, no es la influencia determinante de un bloguero sino la comunidad que participa activamente. La cultura del *blogging* reside en compartir, poner a prueba, discutir, testear, exponer y disipar. Apertura y evolución.

En el circuito de *papers* necesitas tener los contactos correctos. El *blogging* económico viene a ser una versión 2.0 del sistema *peer-reviewed paper*; más abierto y democrático.

Impacto real de los blogs en el mundo académico

En 2012 un equipo de investigadores del Banco Mundial realizó un trabajo titulado *The impact of economics blogs*[109] para analizar dos puntos:

- Averiguar si los blogs ayudan a divulgar los resultados obtenidos en las investigaciones *–working papers* y artículos de revistas especializadas– y si sus lectores están más informados.

- Averiguar si ofrecen un valor añadido a aquellos académicos que escriben en un blog al tener que defender públicamente lo que piensan mediante argumentos y si son positivos para sus instituciones.

---

[109] http://elibrary.worldbank.org/doi/pdf/10.1596/1813-9450-5783

Para la primera cuestión se basaron en las estadísticas sobre descargas y páginas vista de *Research Papers in Economics*[110] – RePEc–. Para la segunda utilizaron un método experimental basado en una encuesta a diferentes personas del mundo institucional sobre el funcionamiento de los blogs y luego, de forma aleatoria, eligieron a algunos de esos entrevistados y les animaron a leer nuevos blogs económicos.

Uno de los principales objetivos de un econblog es ayudar a disipar las ideas económicas y la investigación entre economistas y un público mucho más amplio, el lector medio no economista. El problema viene cuando queremos medir este impacto, es muy difícil tener una medición fidedigna y robusta sobre este impacto en la realidad.

Los parámetros que utilizaron los investigadores son el número de descargas de un *paper* y el número de veces que ha sido visto el resumen –*abstract*–, datos que sí se pueden saber y que en el caso de RePEc es pública y se actualiza todos los meses. Luego relacionaron los *links* directos de los blogs económicos más relevantes a los *papers* de RePEc y estudiaron su impacto. Desestimaron otro tipo de enlaces por ser difíciles de medir.

RePEC es la mayor base de *papers* de economía en todo el mundo, contiene más de dos millones de trabajos de investigación, 4.300 series de *working papers*, 2.300 revistas y periódicos especializados y 75.000 suscriptores vía *email*. Todo ello procedente de 46.000 autores de 88 países, con decenas de millones de resúmenes vistos y descargas de *papers*. De libre acceso, gratuito y con estadísticas.

Usando métodos experimentales y no experimentales, los autores del estudio comprobaron que un *link* de un blog popular aumenta significativamente el número de descargas y lecturas

---

[110] http://repec.org/

previas de *papers* de investigación.

Su experimento consistió en lanzar un blog desde el propio Banco Mundial, para comprobar cómo afectaba al comportamiento, conocimiento y percepción del lector medio. Los resultados también fueron muy positivos para la institución, el trabajo de investigación y los propios autores.

Resultados a la primera cuestión

Un trabajo del economista Douglas Irwin sobre política fiscal publicado en *NBER* en 1997 había estado recibiendo una media al mes de 3,4 vistas de su resumen y 0,8 descargas. Entonces vino un día el señor Paul Krugman y lo citó en su blog el 16 de febrero de 2010. Esto es lo que pasó:

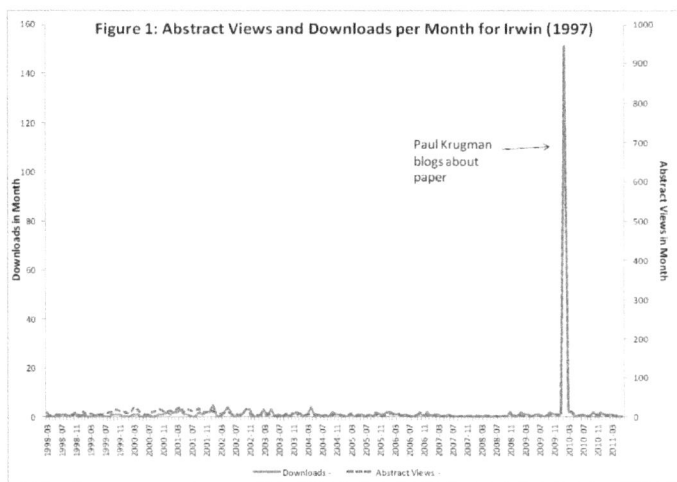

Figure 1: Abstract Views and Downloads per Month for Irwin (1997)

Fuente: *The impact of economics blogs*

Un grupo de economistas[111] publicó un *paper* en 2006. En 2008 tenían una media mensual de 14,4 resúmenes vistos y 5,2

---

[111] *Toward an understanding of the economics of charity: Evidence from a field experiment, Quarterly Journal of Economics 121* (2006): 747-82 Landry, Craig, Andreas Lange, John List, Michael Price y Nicholas Rupp.

descargas. Entonces los economistas del blog *Freakonomics* hablaron del *paper* en su blog y esto fue lo que ocurrió:

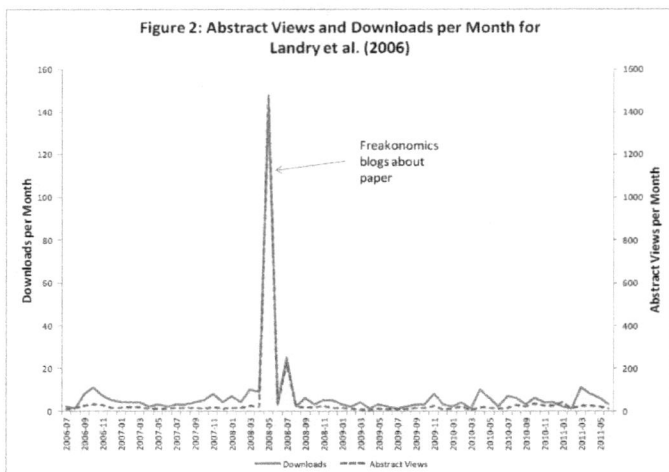

Fuente: *The impact of economics blogs*

Más de lo mismo, en este caso con un *paper* que citó el economista bloguero Chris Blattman[112]:

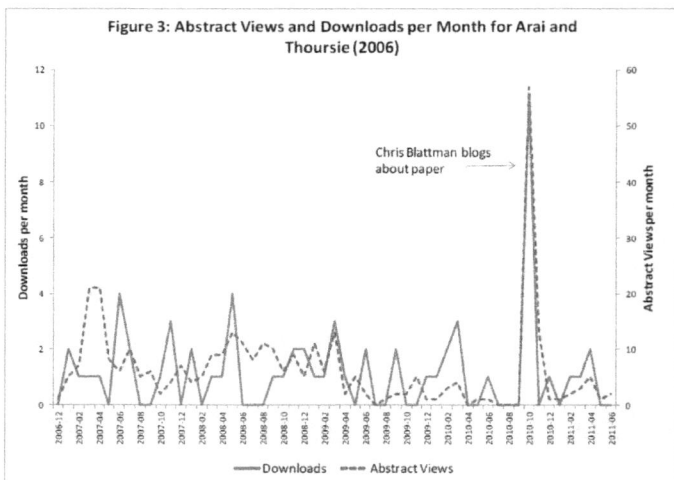

Fuente: *The impact of economics blogs*

---

[112] http://chrisblattman.com/

Como estos, hay cientos de ejemplos.

La muestra de los blogs. Buscaron en los 50 blogs de economía y finanzas más leídos los *links* a *papers* de investigación, a estos añadieron 12 blogs escritos por economistas académicos y otros 6 procedentes de los lectores a los que habían hecho la entrevista.

La muestra de los papers. Como he indicado, seleccionaron RePEc porque es la más grande y es pública. Desestimaron los datos de NBER porque son privados. Los *working papers* de RePEc + NBER suponen el 16% de la totalidad de *papers* del planeta.

Los resultados de la prueba. Una mención o discusión sobre algún *paper* en alguno de los blogs de economía más relevantes suponía una cantidad de descargas equivalente entre 4 meses y 2 años y una cantidad de lecturas del resumen equivalente entre 7 meses y 3 años. Todo ello en unos pocos días.

Un resultado relevante del estudio fue que los blogs más leídos eran los que menos porcentaje de *clickeo* tenían sobre los *papers* (lo que en la Red se llama tasa de conversión). Esto se debe a que los blogs que aumentan su audiencia, estos lectores adicionales que ya no son del entorno académicos son menos propensos a leer un *paper*. La idea intuitiva se confirma con los datos estadísticos.

Resultados sobre la segunda cuestión

Desarrollaron una encuesta a potenciales grupos lectores de econblogs, cuya temática es el desarrollo económico.

Grupos que identificaron (casi todo de Estados Unidos):

- Estudiantes de doctorado

- Estudiantes de Máster en Economía

- *Staff* de Innovations for Poverty Action[113] (es una ONG)

- Becarios del Overseas Development Institute[114]

- Profesores asistentes de Desarrollo Económico

- Individuos con el título de "Economista" en el Banco Mundial

A la vez hicieron un experimento: montaron un blog[115] dentro del Banco Mundial con el que fueron haciendo pruebas –entrevistas, peticiones, estadísticas del blog, etc.– y testando como se comportaban los lectores y como afectaba a la percepción de la institución.

Comprobaron mediante diferentes métricas, que los lectores perciben posteriormente su trabajo como más interesante, la institución tiene una mejor percepción, los investigadores ganaron en reputación *online* –marca personal y autoridad profesional– y el lector medio ganó en conocimiento.

Innovación creativa

Como hemos visto, la parte fundamental del crecimiento se basa en las ideas y el conocimiento aplicado al *hacer*. Las ideas, para que aparezcan y funcionen necesitan de un sistema de trabajo que las propicie. La imagen de una idea que viene de la inspiración es más un mito que una realidad, al menos en la realidad productiva de la economía.

El funcionamiento de los blogs propicia estas ideas y, en un segundo estadio, la innovación y el crecimiento. Este último se plasma en forma de proyectos, de consultoría, libros o

---

[113] http://www.poverty-action.org/
[114] https://www.odi.org/
[115] https://blogs.worldbank.org/impactevaluations/

colaboración con otros profesionales relevantes del sector que antes parecían inalcanzables por su repercusión mediática.

Esto no quiere decir que un blog haga que surjan ideas, innoves y crezcas. Quiere decir que se dan los elementos y el entorno adecuado para que trabajes sobre él. Su éxito o fracaso dependerá de tu nivel de esfuerzo, constancia, calidad de lo trabajado y también un poco del factor suerte.

En la economía del conocimiento este debe ir apareciendo en diversas formas, ampliando y mejorando lo existente, evolucionando sobre lo anterior y aplicándose a la realidad. Por ello los blogs y wikis que vamos a ver ahora, permiten que una ciencia como la economía pueda evolucionar de forma más amplia, acelerada y se acerque más a la realidad.

En la disciplina económica la innovación aparece por este camino. ¿Cómo innovar en una disciplina que parece cerrada pero que no lo es en la realidad en absoluto? Mediante la creatividad –ideas–, la puesta en el mercado a de esa creatividad –blogs– y la colaboración con otros especialistas abiertos a esa innovación, para validar ese conocimiento aplicado al *hacer*, o decidir si hay que probar otros planteamientos.

La mayoría de las instituciones educativas suponen una barrera a esta innovación. Tienen un estatus que defender, unas barreras de entrada enormes –hay que ser doctor para poder ejercer la docencia en ellas– y no están conectadas con la realidad –la mayoría de los profesores no han pisado una empresa en su vida; del pupitre al despacho de ayudantes, y de este al aula–.

Existe un grupo muy amplio de especialistas en diferentes ramas de la economía que la conocen desde su práctica profesional, se enfrentan a sus problemas y al asunto fundamental de convertir en sueldo el conocimiento que a ella aplican.

La aproximación a la disciplina económica y su innovación es la inversa a la de un centro educativo. En un centro educativo se genera una idea que suele ser un modelo teórico y después se intenta ver si tiene correspondencia con la realidad.

El trayecto del especialista que comienza a divulgar es: de la realidad del día a día extrae una explicación más o menos estructurada y a partir de ahí compone una explicación más o menos estándar que se incardine en la disciplina económica.

Busca describir patrones basados en su conocimiento de la realidad.

La institución educativa persigue obtener resultados que confirmen el patrón que solo conoce mediante una fórmula matemática o algo parecido.

En esta innovación creativa necesaria para hacer evolucionar la ciencia económica, los blogs y wikis han sido un flotador salvavidas que la ha hecho resurgir. De haber existido en los años 70, todos los departamentos de economía no ortodoxa se hubieran evitado el destierro durante tres décadas de las principales universidades y publicaciones.

La *incestuosidad*, el peloteo y la mafia editorial hubieran tenido problemas.

Desde hace una década esto es diferente.

Blogs y wikis

Un blog es una sencilla página personal donde se van actualizando los artículos que su autor va escribiendo. En jerga de la Red a los artículos se les llama *posts*. Vas bajando con el ratón en la pantalla y vas viendo los *posts* por orden de aparición, del más reciente al más antiguo.

Desde su aparición a finales de los años 90 su crecimiento no ha parado. La moneda de cambio de estos blogs son los *links*. Un *link* que referencia dentro del texto a otro blog, periódico o *paper*, sobre un tema para poder profundizar y que vayas a él para seguir informándote si te interesa. Es un sistema abierto de información en el que lleva al lector a otros sitios para que se beneficien de los mismos.

Muchos *links* a un blog significan que el mismo es relevante, que da información de interés sobre una temática particular. Es el factor de mayor relevancia puesto que diferentes autores de diferentes sitios le están dando credibilidad y están diciendo: "Vete a este blog si quieres saber más de esto".

Un blog lo escribe un autor o varios en grupo, pero cada *post* es autoría de una persona. El gran historiador de las ideas y sociólogo francés Michel Foucault sostenía[116] que la ascensión de internet iba a suponer la muerte del autor. Lejos de cumplirse esa predicción, ha sucedido todo lo contrario; lo ha consagrado. Hoy es más fácil y democrático que nunca hacerse un hueco en la Red como autoridad para cualquier persona que publique contenido de calidad, constante y bien informado.

La inclusión de comentarios y la exposición a otros lugares y redes hacen que lo que un autor expone y defiende deba ser refutado y defendido con argumentos y no tirar de rango, como le pasó a Nate Silver con los columnistas de periódicos en Estados Unidos. Y en muchas ocasiones, reconocer los errores.

Reconocer un error duele en el orgullo, es algo a lo que no estamos acostumbrados. Pero es la principal fuente de evolución, progreso y crecimiento de cualquier profesional. Los econblogs

---

[116] *What is an author?*, Focault, Michel (1977), pp 124-127 en *Langage, countermemory, practice*, Cornell University Press, Ithaca, New York.

suponen una fuente de crecimiento e innovación infinita.

Las wikis surgieron antes que los blogs. Una wiki es una página web dinámica donde el contenido se desarrolla de forma colaborativa, no hay un único autor y en muchas ocasiones los creadores son anónimos. El concepto de autoría aquí es irrelevante.

El ejemplo más relevante y clásico que todos conocemos es Wikipedia[117], la mayor enciclopedia del mundo.

Es increíble la evolución que ha experimentado esta enciclopedia *online*. Recuerdo hace 10 años que las entradas tenían contenido deficiente, escaso, muy superficial. Ahora tienes entradas profundas, extensas y con multitud de *links* sobre casi cualquier tema. En particular, en economía puede ser un buen punto de partida para informarte sobre una gran parte de las cuestiones que se incluyen en la disciplina.

La palabra wiki viene del idioma hawaiano, en el que esta expresión significa "rápido" o "informal".

Una wiki permite que un documento sea escrito de manera colectiva y tenga coautores. Es una simple página con un lenguaje y estilo sencillo, e información interconectada con multitud de *links* a otra información. Los que escriben solo tienen que hacer eso: escribir y darle a un botón. Lo bueno que tienen además es que cualquier persona puede editar el contenido de otro y corregirlo en caso de error, o dar otro punto de vista.

La dificultad aquí es saber discernir el contenido bueno del malo o no relevante. Puede haber wikis privadas o semipúblicas, donde para publicar tienes que contar con una serie de requerimientos, o totalmente públicas, como Wikipedia. Pero en

---

[117] https://www.wikipedia.org/

este último caso son muy estrictos en las revisiones y es difícil que dejen publicada la información que alguien ha escrito si no tienen las credenciales adecuadas.

Los blogs y wikis suponen una innovación superlativa. En el fondo la materia prima es la misma; personas que escriben sobre un tema. Es decir, personas y textos. Sin embargo, la manera de desarrollar, crear, amoldar, cambiar y testear en el mercado esa materia prima es radicalmente diferente.

No obstante, la manera de medir su éxito es compleja, o al menos poco clara. Para ello debemos ir a mediciones de volumen: visitas, suscriptores, fuerza de dominio o citas en *papers* y *links* a otras webs. Existe una parte cualitativa difícil de cuantificar.

Hay áreas como la política y los asuntos más del día a día como deportes, prensa del corazón… que todavía no llegan a un nivel de producción de los medios tradicionales. Sin embargo en temas como tecnología, marketing en todas sus vertientes y todo lo que tenga que ver con la nueva economía del conocimiento en la Red, están muy por encima en producción de contenido.

En economía podemos decir que estamos en un punto medio a nivel global. En los países de habla inglesa la producción informativa de los econblogs supera ampliamente a los periódicos y revistas.

Es curioso que en los nuevos temas de la economía del conocimiento que van surgiendo, parte de las principales fuentes de información de los *media* tradicionales, sean blogs de nicho con autoridad. El área de las nuevas finanzas tecnológicas o *fintech*, de reciente desarrollo, es un ejemplo de ello.

Existe una máxima de la comunicación que dice: "El medio es

el mensaje"[118]. Esto significa que nuevos medios de comunicación producen nuevos mensajes. Es decir, crean nuevas posibilidades de comunicar un nuevo mensaje.

Los blogs han desarrollado toda una serie de medios escritos, visuales y auditivos que han creado nuevos canales y mensajes que la gente consume con creciente interés. Así tenemos que un blog se convierte en una especie de editorial personal, el uso de medios de grabación y reproducción en forma de *podcasts* se ha convertido en las nuevas radios personales, la utilización de los medios audiovisuales permite que se creen *webinarios* y canales propios de comunicación sobre la materia en que son especialistas.

Se mezcla la radio, la televisión, el periódico, la página personal y la web 2.0 y salen mutaciones de este tipo. Fácil, accesible y barato para el que produce. Y lo mismo para el que consume la información.

La economía no escapa a este desarrollo y está adoptando estos nuevos medios para producir los nuevos mensajes.

En el caso de los blogs, hasta 2002, no se podían habilitar los comentarios. Esta nueva característica los metió en otra dimensión. Lo convirtieron en otro medio con otro mensaje, aunque el texto inicial fuera el mismo.

Dentro de las wikis la primera, precursora, y de gran éxito fue la estadounidense *Usenet*, que nació en 1979 y que funcionó con éxito más de una década, hasta la aparición del *spam*, los *trolls* y demás porquería que es la cara B del efecto red y los nuevos *sites* colaborativos si no se ponen normas estrictas. Efectos negativos que luego aparecieron también en los blogs, pero que con el paso del tiempo, las herramientas adecuadas y los progresos de los

---

[118] *Understanding Media*, McLuhan, M. (1964), MIT Press, Cambridge, Massachusetts.

motores de búsqueda se han ido eliminando.

Un ejemplo de estas nuevas mutaciones que crean innovación creativa en economía es lo que hizo el ya citado econblog *Crooked Timber*[119], un blog de un grupo de académicos de la economía y bajo mi punto de vista uno de los mejores a nivel mundial. Cuando se publica un libro sobre economía, parte de los autores de blog junto con otros invitados para la ocasión, hacen una reseña del mismo y se la envían al autor. El autor contesta a todas las cuestiones de cada reseña. Entonces cogen todas las preguntas y respuestas del autor y hacen un seminario sobre el mismo abierto a los comentarios del público.

Esto dista mucho de la típica revisión de un libro o *paper*. Va muchísimo más allá y no puedes imaginar lo que llegas a aprender. Y el autor del libro aprende mucho más, estoy seguro que tiene en cuenta las diferentes aproximaciones y preguntas que le hacen otros compañeros de investigación de otras universidades de forma abierta al gran público. Este proceso es increíble.

Ejemplos como este puedes encontrarlos en la mayoría de los econblogs que hay en la última parte del libro.

Licencias 'Creative Commons'

La aparición de las licencias *Creative Commons* ha sido uno de los elementos fundamentales para que todo ese conocimiento personal o colectivo vertido a la Red pudiera desarrollarse de forma segura, con una licencia de uso adecuada y sin temor a ser demandados por algún gran medio.

Se nos plantean dos cuestiones: ¿de quién es ese conocimiento que se crea? y ¿qué licencia o registro se puede desarrollar de

---

[119] http://crookedtimber.org/

forma libre para dar autoridad en su caso?

El debate de la propiedad intelectual siempre ha sido controvertido, sobre todo en Estados Unidos, donde la fuerza de los *lobbies* y las demandas por cualquier tontería estaban a la orden del día.

Por un lado están los grandes medios e instituciones, proveedores de la fuerte protección de la propiedad intelectual. Por el otro lado, un dominio público inmenso sin propietario único, conocido a veces como *Intelectual Commons*[120].

Creative Commons (CC), traducido al castellano como "[Bienes] Comunes Creativos", es una organización sin ánimo de lucro ubicada en California cuya misión es usar y compartir tanto la creatividad como el conocimiento a través de una serie de instrumentos jurídicos de carácter gratuito.

La organización fue fundada en 2001 por Lawrence Lessig[121], Hal Abelson y Eric Eldred con el soporte del Center for the Public Domain. El primer artículo bajo la licencia *Creative Commons* en una publicación de interés general fue en febrero de 2002 y el primer conjunto de licencias de *copyright* fue lanzado en diciembre de 2002. A finales de 2015 había más de 1.100 millones de trabajos bajo licencias *Creative Commons* en todo el mundo.[122]

Las licencias *Creative Commons* no reemplazan a los derechos de autor, sino que se apoyan en estos para permitir modificar los términos y condiciones de la licencia de su obra de la manera que mejor satisfaga sus necesidades.

Estas licencias han proporcionado la flexibilidad y ductilidad

---

[120] *The Future of Ideas: The Fate of the Commons in a Connected World*, Lawrence Lessig, 2001. Random House, New York.
[121] Exprofesor de derecho de la Universidad de Stanford, especialista en ciberderecho. Fue ayudante de Richard Posner.
[122] https://es.wikipedia.org/wiki/Creative_Commons

necesaria para que la ciencia económica, sus avances y divulgaciones prosperen a la tremenda velocidad a la que lo está haciendo.

Se pasa del "todos los derechos reservados" a "algunos derechos reservados", que son aquellos que ha decidido su autor y que permiten que otros autores utilicen su creación para mejorar al propia y hacer nuevos avances.

Creative Commons ha proporcionado institucional, práctica y legalmente soporte a individuos y grupos que buscan experimentar y comunicarse con la cultura con una mayor libertad.[123]

Hay un abanico de posibilidades que van desde "todos los derechos reservados" a "dominio público"; en medio tenemos una amplia gama de posibilidades, de lo más restrictivo a lo más libre.

Este ha sido un gran avance para la utilización de la información y la producción de investigación y divulgación en economía –y en general– para progresar de forma más rápida y evolucionar de manera más acorde con la realidad, pues el efecto red se amplifica y se utilizan de manera mucho más eficiente los recursos intelectuales; en nuestro caso economistas y personas interesadas en asuntos de la economía.

Muchas ideas, una vez creadas y lanzadas al lugar común de la Red, son en realidad ideas públicas, es un bien público que puede ser utilizado por otros autores para desarrollar su trabajo. Siempre bajo el control de sus autores, que deciden cómo quieren compartir su propiedad intelectual.

Existe numerosa investigación a favor y en contra de esto y no es concluyente en términos generales. Sin embargo, para el

---

[123] *On the 'Creative Commons': A Critique of the Commons Without Commonalty*, David Berry, 2005, *Free Software Magazine*.

lugar donde nos movemos y vamos a crear y consumir –información de y para la Red– parece apropiado ese nuevo enfoque de la propiedad intelectual.

Mi blog y este libro tienen integradas una licencia *Creative Commons*, con ella puedo elegir qué usos puede darle un tercero.

En el caso del blog, tiene la licencia internacional *Creative Commons Attribution-NoNComercial-ShareAlike 4.0 International*. Es decir, que puedes republicar y compartir su contenido en cualquier parte y medio del planeta, se puede adaptar, remezclar, reutilizar y transformar. Los únicos requisitos son que debes hacer referencia a mi autoría y citar el libro/blog –*Attribution*–, no puedes hacer uso comercial con el mismo –*NonComercial*– y si modificas o transformas el material debes compartirlo con la misma licencia que la mía –CC BY-NC-SA 4.0–. Bajo esa licencia, cualquiera puede copiar mi contenido y reutilizarlo siempre que mantenga mi nombre asociado a él como autor, pero no podrá comercializarlo y tendrá que utilizar la misma licencia.

Este último punto es muy interesante, porque estoy obligando a que la persona que reutilice mis artículos comparta a terceras personas de la misma forma que he hecho yo con ella. Esto provoca un efecto red que amplifica mucho su uso a personas con las que yo jamás tendría contacto y utilizan mi material reutilizado y reenfocado para usos nuevos y, por qué no, con progresos en direcciones que yo ni siquiera habría podido imaginar.

La nueva economía del conocimiento iniciada a finales del siglo pasado hace que medios como internet modifiquen los paradigmas de la investigación, innovación, su posterior divulgación y monopolios de propiedad intelectual correspondientes a otras épocas. En una época industrial donde era difícil desarrollar un producto y se jugaban todo, era razonable disfrutar del monopolio de la propiedad intelectual durante un tiempo para recuperar todos los costes de semejante empresa, sin embargo, la nueva economía exige otros estándares. La utilización de licencias libres *Creative Commons* para decidir qué es nuestro y qué compartimos para ser mejorado por otros, parece lo más sensato y se ha mostrado como imprescindible para la generación de nuevas ideas y para la innovación creativa en economía.

En palabras del bloguero Enrique Dans[124]:

"Decir que "ningún autor importante publicará sin copyright" o que "nadie con talento puede discutir el copyright" indica una evidente carencia a la hora de entender el concepto. En un momento dado, según en qué situación de su carrera profesional, según para qué tipo de obra, o en función de muchos otros factores, a un autor le puede interesar, y mucho, publicar con Creative Commons, en función de lo que busque en cada caso. Y eso no implica "estar en contra del copyright", porque Creative Commons no es más que otra forma de copyright, una definición más avanzada y menos categórica del mismo... añadiendo gamas de grises. Pretender que Creative Commons "se enfrenta" al copyright no tiene sentido, porque Creative Commons existe para ofrecer a los autores niveles de protección más adecuados a lo que pretenden en cada momento y en cada caso, y es simplemente una forma de copyright. Las licencias Creative Commons no son en modo alguno "antisistema" o "anticopyright", porque dependen del sistema, del copyright, para existir. Tampoco tienen nada que ver con que los autores sean o no sean

---

[124] https://www.enriquedans.com/2011/06/explicando-creative-commons.html

remunerados por su trabajo, todo el mundo defiende lo que es de lógica, y las licencias Creative Commons únicamente intentan proporcionar más posibilidades para que el autor decida cómo y en concepto de qué quiere ser remunerado."

La blogosfera y la wikisfera se están mostrando como el estandarte de este nuevo conocimiento común, que luego se utiliza de forma individual para diferentes fines y con diferentes perspectivas.

Es el nuevo molde de innovación del conocimiento aplicado al *hacer* y las ideas, y por supuesto lo es en el avance de la disciplina económica.

Mi experiencia con un econblog

En el año 2011 vino una segunda ola de crisis y, un año después, el entonces Gobierno de España comenzó a realizar una serie de medidas económicas que nos dejaba a todos atónitos.

Era el momento en el que España estaba en una situación compleja a nivel financiero y decisiones como las del Banco Central Europeo de prestar dinero hicieron que comenzara a postear pequeños comentarios en mi Facebook personal.

Fue entonces cuando varios de mis amigos me dijeron que debería montar un blog.

Así que ahí empezó todo.

Estaba muy indignado ante el *Crowding Out* del sector público sobre la economía real; empresas y familias. El Banco Central Europeo imprimía dinero, pero esa inyección solo la puede hacer a través de los bancos comerciales. ¿Qué sucedía? Que los bancos comerciales en lugar de prestarlo a empresas y familias lo invertían en deuda del Estado, expulsando así a aquellas de la financiación.

Los bancos tenían una ganancia asegurada sin hacer nada y el Gobierno podía seguir viviendo de prestado en lugar de acometer las medidas necesarias.

Es curioso que este vicio se haya vuelto finalmente en contra de los propios bancos y que sea uno de los elementos que recuerdo ahora en el lado de las finanzas personales; tanto prestar al mismo ha hecho que la masa de dinero haya aumentado muchísimo, y por lógica de oferta y demanda ahora el dinero no valga nada en el tiempo. La rentabilidad de la deuda de los gobiernos es negativa y a los bancos se les ha acabado el chollo.

La fecha de aquel primer *post* fue el 3 de diciembre de 2012 bajo el título *¿Dónde está el dinero que recibe la banca española?*[125].

Montar un blog, con las herramientas disponibles en la Red, cuesta 5 minutos y se puede hacer de manera gratuita. Se puede comprar un dominio personal por unos 10 euros al año.

Pero tener un blog con contenido útil y de calidad para el lector a lo largo del tiempo requiere muchísimo trabajo y constancia. Por esta razón hay una famosa estadística dice que el 95% de los blogs muere antes de cumplir el primer año de vida.

Recoger la información, sintetizarla en un texto claro y razonado, aportar la visión personal, argumentarlo con datos o hechos en la medida de las posibilidades y ofrecer una solución o que la información sea de utilidad en algún sentido, es una tarea ardua. Además, están el mantenimiento técnico, la estética, las mejoras continuas de la organización, implementación y revisión

---

[125] http://estrategafinanciero.com/donde-esta-el-dinero-que-recibe-la-banca-espanola/

de herramientas, estar al día con los buscadores y otras tareas que consumen mucho tiempo.

Durante estos años he comprobado que hay dos cosas que los lectores valoran por encima de todo, y que creo es extrapolable a cualquier blog: el estilo personal y los artículos trabajados con documentación adicional que solucionen un problema.

Estilo personal

El estilo personal es el enfoque particular que aborda el bloguero sobre le temática que trata. Un enfoque particular habla en la mayoría de las ocasiones de un enfoque diferente, pensamiento lateral o disruptivo. Los temas se deben abordar desde múltiples perspectivas para acercarnos desde la amplitud de matices sobre lo relevante, de esta forma se puede atacar con fuerza un aspecto concreto.

En el estilo personal se imprime la experiencia, el bagaje y *know-how* del autor, junto con la información que maneja. Hace de filtro y quita ruido, evita la *infoxicación*, pero a la vez aporta su visión, su forma de plantear y solucionar en su caso un problema.

A veces se equivoca, pero eso no es un problema porque le ofrece al lector una vía de escape, un primer abordaje con la cuestión sobre la que busca, un posicionamiento. Luego el lector amplía si quiere la información con los *links* que aporta y saca sus propias conclusiones, que no tienen por qué ser las mismas que las del bloguero. Pero ha provocado un movimiento en su cabeza que le va a llevar a una solución,

Esto es lo que ofrece el estilo personal, a diferencia de lo que se puede encontrar en cualquier otro medio. El bloguero se moja y se expone personal y profesionalmente a la opinión pública, no se escuda en un medio ni tiene una línea editorial. Por esta razón muchos blogueros no se mojan e intentan quedar bien; es el camino hacia la irrelevancia y muerte de su propio medio.

Artículos trabajados

Se valoran los *posts* con cierta profundidad y *links* adicionales para que el lector haga su propia reflexión. También se valora como punto de partida para una búsqueda personalizada más profunda.

Los econblogs tuvieron una explosión a partir del año 2010 y salieron algunos estudios interesantes. Sin embargo, es curioso que desde entonces no haya estudios sobre el tema y las métricas hayan desaparecido. En 2012 se terminaron las métricas sobre el *blogging* en la Red. Creo que se ha derivado parte de esto a la edición y publicación de libros de economía.

Desde entonces he comprobado que los econblogs se han ido especializando hacia temáticas más concretas, nichos más pequeños, con gran profundidad.

En un primer momento casi todos ellos hablaban de economía en general y sobre todo macroeconomía y sistema financiero. Era una respuesta a lo que estaba pasando en esos años de replanteamiento ante la crisis económica y financiera mundial.

Desde entonces han ido surgiendo diferentes temáticas y especialización. Por ejemplo, ahora tenemos excelentes blogs sobre el funcionamiento del sistema financiero, econometría, política monetaria, economía heterodoxa, educación y enseñanza superior de la disciplina, finanzas personales, inversión en activos financieros cotizados o investigación.

También han ido surgiendo asociaciones de estudiantes y *think tanks* que piden otra manera de enfocar la enseñanza de la economía, algo que comenzaba a asomar tímidamente en 2012.

El sistema financiero ha sido el gran desconocido. Incluso para mí. En la época de 2010 era consciente de que tenía lagunas enormes sobre el funcionamiento de los mercados financieros y unas limitaciones de conocimiento prácticos importantes. Conocía muy bien el funcionamiento financiero y la contabilidad de gestión de cualquier empresa, pero al salir de los límites de la actividad empresarial, en el océano invisible de las economías interconectadas, me perdía.

Es curioso, pasé de la auditoría de cuentas y análisis financiero empresarial a los mercados por medio del *trading*, luego pasé a construir carteras de inversión a largo plazo, y he acabado en el análisis y la gestión financiera de la persona. He pasado de la empresa a los mercados financieros para finalmente acabar en la persona, con las herramientas de la empresa a través de los mercados.

Lo que me pasaba a mí es lo que le ha pasado a la casi totalidad de la profesión económica y del lector interesado en el tema: sabíamos muy poco de cómo funcionan *en realidad* los mercados financieros y sus consecuencias a todos los niveles, incluidas las personales.

Esto ha cambiado gracias a la aparición de excelentes blogs de economía financiera, inversiones y finanzas personales a ritmo asombroso en los últimos cinco años. Luego esto nos ha llevado a leer libros, hacer cursos, acudir a seminarios. Pero lo que ha logrado crear el puente de acceso al conocimiento necesario, han sido los blogueros que han ido realizando artículos profundos, documentados, sobre hechos reales y con experiencia práctica.

Les debemos mucho.

Al mismo tiempo los blogs se han ido profesionalizando muchísimo. Al principio casi todos ellos estaban elaborados en la plataforma *Blogger.com*, en un formato pobre y poco estético. Todos eran *amateurs* y de hecho el *blogging* defendía como una de sus señas de identidad el amateurismo. Con el paso del tiempo plataformas como Wordpress.org, con *hosting* propio y múltiples herramientas, han hecho que estos blogs compitan en posicionamiento y relevancia con los propios *mass media*.

Los autores nos beneficiamos de muchas cosas. He agrupado en ocho puntos las que bajo mi experiencia son las más importantes y que pueden derivar en otras.

1. Autoridad

Cuando hablo de autoridad me refiero a la autoridad profesional, o más concretamente a autoridad en un determinado campo profesional. Esto quiere decir que tener autoridad en un determinado campo de conocimiento aplicado es ser una referencia, ser escuchado.

De ahí la expresión "ser una *voz autorizada*". La voz autorizada la da el contenido, pero el blog es un altavoz de muchos decibelios.

Cuando un autor lleva mucho tiempo trabajando de forma sistemática un buen contenido, donde se aporta la experiencia personal, se aporta el conocimiento adquirido, se estudia y se evoluciona, en un lenguaje comprensible y desde la independencia, las probabilidades de que vaya adquiriendo autoridad se multiplican. No es un objetivo, es una consecuencia.

En el mundo de los econblogs hay muy pocos autores que creen uno para ser una autoridad. En realidad, o suele ser al revés, como el caso de los académicos que deciden abrir un blog a parte de su tarea en la institución educativa correspondiente, o son profesionales que quieren evolucionar, y al final se convierten en autoridad sin ser conscientes de ello –cuando se dan cuenta que tienen miles de suscriptores y los nombran en otros sitios comienzan a ser conscientes–.

La autoridad conseguida con un blog es uno de los mayores activos que puede conseguir un profesional, porque es una autoridad concedida por el *mercado*, y ha sido adquirida en base a una actitud y aptitud encomiables –nadie asegura que se consiga y no se cobra por ello–.

De la autoridad se derivan otra serie de beneficios. Uno de los más importantes es la marca personal, que es la huella que dejamos en la mente de los demás. Una fuerte marca personal atrae audiencia. Por eso las marcas utilizan cada vez más el marketing directo a través de blogueros con autoridad.

2. Producción de conocimiento

Tener un blog te obliga a producir conocimiento, pero no cualquier clase; debe ser un conocimiento aplicado, en el sentido que hemos visto en la primera parte del libro; el conocimiento del *hacer*. Debe solucionar un problema, aunque sea una cuestión intelectual o existencial. Debe provocar una reacción en el lector, ser útil. Pero no una utilidad mecanicista, una utilidad de cualquier tipo.

En mi caso, para producir me nutro de tres fuentes; blogs/*sites*, libros y *papers*/estudios. Más o menos en un 40- 40-20. Luego todo se mezcla en mi cabeza con mi experiencia personal y profesional junto con las reflexiones de almohada. No sé si es lo más común, pero es mi experiencia en estos años de *blogging*.

En el caso de un econblog, que es un tipo de escritura tipo ensayo, es necesario leer y estudiar mucho, porque se necesitan aportar datos y conclusiones sobre hechos analizados. La creatividad solo ocupa una parte. Un blog personal sobre literatura o cine posiblemente ofrezca una producción mayor en base a lo leído o visto, puesto que es un tipo de escritura tipo novela donde el cien por cien de la producción puede venir de la imaginación.

En el caso de un econblog, por desgracia no es así. Hay que estudiar datos, teorías, estudios, hechos, documentos de otros expertos, información contrastada, trabajo y conclusiones propias en el área de *expertise*, y lo que ocurre ahí afuera – puesto que la economía evoluciona y tiene un impacto directo sobre nuestras vidas–.

Hay pocas áreas del conocimiento que exijan tanto *resultadismo* como la economía. Un físico puede decir que su modelo cuántico predice que hay un exoplaneta en no sé qué sitio y quedarse tranquilo durante los 10 años siguientes. En economía esto no es posible, las explicaciones se van revisando constantemente en un sistema que va evolucionando. Además lo experimentamos en las propias carnes. Esta revisión constante también se da en la publicación online. La producción del conocimiento se expone al error y la opinión pública.

El grado de adaptación y flexibilidad que exige es enorme.

3. Red 'offline' profesional

Un blog te permite conocer a otros profesionales de tu sector y a gente muy interesante. Te abre las puertas a un mundo de personas y eventos que de otra forma sería muy difícil.

Vas a eventos, charlas y un día te llaman para que la charla la des tú.

En última instancia este sigue siendo un mundo de conexiones personales como lo era antes, solo que ahora los avances en las TIC permiten darle más oportunidades al mérito personal. El blog no es un fin sino un medio, un medio para producir conocimiento, pero para conocer a otras personas que tienen más conocimiento que tú y con las que colaborar para desarrollar proyectos o mejorar el tuyo.

El salto del mundo 0.0 –la reflexión personal– al mundo 2.0 posibilita construir relaciones en el mundo 1.0 –entre personas de forma física– llegando a autoridades, profesionales y personas con gran conocimiento a las que llegar de otra forma sería impensable. Todo gracias al trabajo personal en el blog.

4. Relevancia

La Red te obliga a que tus artículos sean relevantes para tus potenciales lectores si quieres que alguien te lea. Los buscadores tienen algoritmos que miden la relevancia cada vez con mayor precisión.

Esto conlleva el peligro de que surjan técnicas que busquen la relevancia a corto plazo, como determinadas técnicas SEO, pero que no necesariamente hacen a la información más relevante para el lector ni, sobre todo, más clara.

En los econblogs es raro que ocurra esto. No es la temática más divertida, cortoplacista y *cool*. Temáticas como marketing *online*, *ecommerce* o moda sí lo son.

Por otro lado, los buscadores cada vez tienen más afinada su métrica y esto lo suelen captar. Por último, a largo plazo un buen contenido gana a otro que solo busca la relevancia con técnicas de moda.

Esto nos lleva al contenido *evergreen*.

5. Contenido 'evergreen'

Significa contenido que no caduca. Es la información que más valora un lector. Un artículo largo, bien documentado y que da igual que lo leas hoy o dentro de 5 años.

Artículos como *Cómo se crea el dinero, Invertir en agua, Por qué no deberías invertir en fondos de inversión y planes de pensiones* o *Por qué el PIB no es una buena medida del bienestar* están entre los *posts* más leídos de mi blog y posicionados en Google en los primeros sitios. Casi todos ellos tienen dos o más años.

No es lo mismo que otros artículos que hacen referencia al momento, el *timing* de los mercados o lo noticiable sobre aspectos como política económica.

Los contenidos *evergreen* son los más difíciles y costosos de elaborar. Se necesita tiempo y documentación variada para elaborar un artículo de este tipo, cuya extensión suele superar las 3.000 palabras.

6. Mejora de la escritura

Escribir en un blog te obliga a escribir mejor. Por dos motivos. El primero es que escribir es como ejercitar cualquier músculo; se mejora practicando. Lo más seguro es que no te conviertas en Shakespeare, pero lo que sí es muy probable es que escribirás mejor. Como cuando empiezas a correr, las primeras sesiones te cansas enseguida, tienes agujetas... conforme va pasando el tiempo y prácticas de manera sistemática y con constancia vas mejorando tu estado de forma.

El otro motivo es que tus artículos *están en el mercado*. Si no escribes bien, no te leerán porque tienen a otros miles de personas que sí lo hacen.

Si lees mis primeros artículos, son pesados. No son malos, simplemente tienen un tipo de escritura que aburre; párrafos muy largos y en ocasiones demasiado abstractos.

La escritura en el blog te obliga estructurar muy bien lo que escribes, en párrafos más breves y a concretar.

7. Mantener el foco

Las personas que tenemos un blog por lo general somos inquietas y leemos mucho. Esto supone un problema; tendemos a dispersarnos. Todo nos parece interesante.

En mi caso especialmente.

Escribir en el blog me ha obligado a ser cada vez más concreto y a mantener el foco sobre el tema, un tema que cada vez he ido estrechando más.

Es complejo, porque lo que me ha diferenciado siempre es la aproximación desde diferentes perspectivas y la capacidad de interconectarlo. Encontrar el equilibrio entre eso y mantener el foco ha sido una de las cosas más difíciles para mí. Sin el blog sería imposible. Me ha costado varios años.

8. Aprendizaje continuo

Si no lees, estudias y aprendes, lo que puedas escribir sobre un tema se te va a acabar antes o después. Si no tienes un sistema de lectura e información para avanzar, tu blog se convierte en parte de ese 95% de blogs que mueren en el primer año.

La capacidad de supervivencia de un blog está directamente relacionada con la capacidad del autor de estudiar, avanzar y evolucionar. Es increíble, pero por esto también es tan difícil.

El aprendizaje continuo es el coste de la destrucción creativa en una economía del conocimiento. Para poder crear hay que aprender de forma continua.

Sin el blog es imposible que hubiera abordado los proyectos profesionales en los que me he embarcado, ni alcanzar el grado de conocimiento que exigen los mercados financieros y la gestión de las finanzas personales; las áreas donde me he especializado.

Ha sido la exigencia del aprendizaje continuo, fruto de los continuos fracasos y avances en mis pequeños proyectos, a través de mi blog, la que me ha llevado a esta especialización en un entorno de innovación tecnológica financiera.

NUEVAS ESTACIONES

Cuando a principios de los años 60 Paul Baran comenzó a plantear una red de comunicaciones que fuera inmune a cualquier ataque, pensó en comunicaciones a modo de "señales entre estaciones de radio AM". Posteriormente tuvo que elaborar un sistema de comunicación distribuido mucho más complejo y sofisticado[126], pero en la idea base de los nodos y las conexiones, que son los fundamentos del sistema de información distribuida, siguen estando las "estaciones".

En los años 80 surgieron las estaciones de trabajo –*working stations*, que hoy siguen funcionando–, ordenadores de capacidad limitada que se nutrían de la red para realizar cálculos complejos. En concreto, se nutrían de otros servidores más potentes cuando necesitaban echar mano de grandes bases de datos y cálculos y representaciones que necesitaban mucha potencia de procesamiento.

Los econblogs son eso, estaciones de trabajo conectadas a la red, pero esta vez a la gran red distribuida que es internet. Se nutren de esta, que contiene casi toda la información libre que necesitan sus autores para procesar información y publicar nuevos *posts*. Estas nuevas estaciones suman una enorme fuerza en su conjunto, pero rara vez la tienen de manera individual.

---

[126] Basado en su *paper On Distributed Communications Networks*, de 1962.

La fuerza de los econblogs reside en su funcionamiento como conjunto, en esa GAIA digital. Un organismo vivo de interconexiones que lleva su propio tempo vital, sigue sus propias pautas y reacciona cuando los elementos externos lo intentan perjudicar con fines egoístas.

Por estas razones he creído conveniente denominar como "nuevas estaciones" a la selección de econblogs que aparece a continuación.

Este conjunto de nuevas estaciones es un punto de partida, o un lugar de paso para iniciar una nueva partida. Al igual que una estación de tren, son un lugar al que llegas y donde decides si te quedas o sigues tu camino hacia otras rutas principales o secundarias. Por esta razón las nuevas estaciones no deben tomarse como una selección definitiva, sino todo lo contrario: son un punto de aterrizaje y despegue, a partir del cual vas a configurar tu propio viaje.

Porque la economía es esto: un viaje. Es el cuento de nunca acabar.

Criterios de selección

Seleccionar siempre conlleva cierto sesgo y limitación. Lo que a continuación te presento pretende ser un punto de arranque más que una lista definitiva. Dependiendo de tus gustos personales e intereses específicos sobre la economía, unos te gustarán más que otros y podrás ampliar el horizonte a econblogs que aquí no menciono.

Para ello he establecido una serie de requisitos bajo dos bloques: criterios subjetivos y criterios objetivos.

Los dos requisitos iniciales son a) una clasificación por temática y b) el econblog debe ser útil para comprender la economía. Solo después de estos criterios subjetivos utilizo métricas objetivas como el tráfico, la relevancia del dominio, la relevancia de la página y la influencia del *site* en base a la calidad de las referencias en la Red.

Esto es así por una cuestión muy sencilla: si solo nos guiáramos por métricas objetivas de relevancia, la totalidad de los blogs reseñados serían anglosajones y de un monotema, la macroeconomía, dejando fuera a blogs de economistas que no pueden competir en volumen de búsquedas pero que son igualmente útiles y relevantes (si no más interesantes) y un abanico de temáticas de igual o mayor importancia en la vida de cada persona.

Por esta razón se ha divido la selección en temáticas y se incluyen econblogs en castellano.

Criterios subjetivos

1. Son útiles y comprensibles para un lector medio.

2. Artículos pausados, reflexionados y opinión –contenido *evergreen*– por encima de noticias y sucesos –contenido rápido pero perecedero–.

3. Esfuerzo divulgativo y no dogmático.

4. Se han evitado los *sites* con una marcada línea ideológica; tanto teórica como política.

5. Se han evitado los periódicos y *mass media* tradicionales, aunque hay alguna excepción.

Criterios objetivos

1. Tráfico.

2. Citas en la Red y/o *papers.*

3. Autoridad del dominio.

4. Autoridad de página.

5. Cantidad y calidad de los *links* y referencias en la Red.

6. Independencia editorial (institucional y económica).

7. Ausencia de *trolls* y sistema anónimo de comentarios para descalificar.

Para estimar el tráfico he utilizado las herramientas similarweb.com y alexa.com

Para ver la autoridad del dominio y página he utilizado la herramienta Open Site Explorer de MOZ.

Para ver la influencia en la Red en base a la cantidad de *links* de autoridad y referencias he utilizado la herramienta Open Link Profiler.

La selección de las temáticas es la siguiente:

Temas	**N°**
# Economía General	14
(macroeconomía y política económica)	
# Teoría Económica	14
(epistemología, modelos y microeconomía)	
# Economía Financiera	14
# Finanzas Personales	13
# Investigación	10
# Nueva Economía	9
# Educativos	5
# Visualización de Datos	4
# Otros (legislación, sociedad y política)	7
Total	*90*

Otro criterio adicional es que al menos el 20% debe estar en español. El lector del libro es una persona que vive en el mundo hispanoparlante, que tiene sus matices y diferencias con el anglosajón. También se tiene en cuenta la idiosincrasia del ciudadano europeo, que es diferente de la del estadounidense.

No se incluyen econblogs en otros idiomas además del inglés y el castellano (español). Estoy seguro que hay fantásticos econblogs en francés, alemán o portugués, pero para ello es necesario que el lector conozca bien estos lenguajes, y no parece práctico hacer esa selección, puesto que el idioma principal del *econblogging* es el inglés, seguido por el español.

Algunos blogs presentan artículos de mayor o menor dificultad para el lector medio no profesional. El abanico va desde bitácoras con información educativa y más básica, que resultan sencillos de entender, a blogs profesionales de información técnica para un perfil más profesional y formado.

Nuevas estaciones

Economía General

Opinión del New York Times
(www.nytimes.com/pages/opinion/index.html)

Es considerado el *periódico hemeroteca* por excelencia y ha ganado en 108 ocasiones el premio Pulitzer. Es reconocido por su excelencia en la labor periodística de investigación.

A los efectos de estas nuevas estaciones nos interesa su página de opinión, donde tienen columnas de numerosos economistas de referencia mundial, incluido algún premio Nobel. Su editorial también es un artículo de consulta diaria en todo el mundo.

Project Syndicate (www.project-syndicate.org)

Posiblemente el mejor sitio del mundo para leer artículos provocativos e independientes de los mejores y más reputados especialistas. Gira en torno a la economía, pero abarca muchos campos. Lo publicado por sus miembros "de honor" incluye más de 500 periódicos de 154 países. Aquí es habitual leer a premios Nobel un día sí y otro también.

Marginal Revolution (http://marginalrevolution.com)

Es el blog de los economistas Alex Tabarrok y Tyler Cowen −este último citado a lo largo del libro y conocido por ser uno de los que han defendido siempre las ventajas del *blogging* para la disciplina económica, para fomentar la divulgación en investigación abierta; de hecho, tiene algunos de los pocos *papers* que hablan sobre el tema−.

Escriben entre uno y tres artículos diarios. Uno o dos artículos muy cortos, a modo de comentario sobre alguna noticia, y un recopilatorio de seis a ocho *links* de artículos que consideram muy buenos. Es un formato de blog muy cómodo de leer y ligero.

Cabe destacar un apartado que lleva a *Marginal Revolution University*[127], con una serie de cursos sobre conceptos clave de economía, que tocan todos los temas a través de vídeos de corta duración.

De vez en cuando escriben economistas de primer nivel como Justin Wolfers, Tim Harford o Robin Hanson.

Comenzó su andadura en 2005 y tiene un marcado carácter divulgativo.

---

[127]http://www.mruniversity.com/

Cotizalia (www.elconfidencial.com/mercados)

Es el área del periódico digital *El Confidencial* dedicada a la economía y los mercados financieros.

Resalta por los análisis profundos y de carácter didáctico de sus autores. No son escritos por teóricos, sino por profesionales del mundo de las inversiones y finanzas y por profesionales del periodismo económico.

El Confidencial pertenece al grupo de nuevos periódicos independientes *online* que hemos descrito en páginas precedentes. Esto les permite tener una flexibilidad, tanto de profesionales externos como de temática y crítica, que los viejos *media* no se pueden permitir.

Bloomberg Economics
(www.bloomberg.com/view/topics/economics)

Bloomberg es la mayor agencia de comunicación financiera del mundo. Este apartado de su área *"Bloomberg News"* está escrito por economistas de referencia y trata temas fundamentales de economía general.

Autores como Barry Ritholz, Noah Smith, Tyler Cowen o Justin Fox escriben un artículo al día. Tiene únicamente una publicación diaria, por lo tanto salimos de la esquizofrenia masiva habitual y nos metemos en un artículo en profundidad escrito con claridad por algunos de los mejores economistas independientes anglosajones.

Artículos muy cuidados siempre acompañados de gráficos explicativos. Tratan temas fundamentales de la economía general a través de acontecimientos actuales.

Freakonomics (http://freakonomics.com)

¿Quién no conoce *Freakonomics*? Me hizo mucha ilusión ver a una sobrina que está en tercero de ADE leyendo en verano uno de los libros del blog. Esto es un síntoma.

El econblog nació en 2005, como la mayoría de los econblogs de referencia mundial. Aunque lo que más éxito han tenido son los cuatro libros que editaron con la temática del mismo. El primero de ellos, *Freakonomics: Un economista políticamente incorrecto explora el lado oculto de lo que nos afecta*, cuatro años después de su publicación había vendido más de cuatro millones de copias en todo el mundo.

El formato del blog es diferente al resto: una vez a la semana publican un *podcast* (audio) de 45 minutos donde hablan de cualquier tema de economía desde su particular punto de vista.

Sus autores conforman una dupla perfecta: se trata de Steven D. Levitt, un economista de prestigio –dirige el *Becker Center on Chicago Price Theory*, ¿te suena Becker?– y Stephen J. Dubner, un periodista independiente merecidamente galardonado.

Es un blog completamente diferente al resto en todos los sentidos, a excepción del *Becker-Posner Blog*, del que tienen mucha influencia.

FT Alphaville (http://ftalphaville.ft.com)

Financial Times (www.ft.com/home/uk) es la biblia de los inversores y de los periodistas económicos más serios. Lo más destacable son sus blogs, y en concreto *FT Alphaville*, situado en el *top* ten mundial entre los economistas desde hace años.

Comenzó en 2006 y ha tenido todos los premios imaginables. Una década después sigue siendo la referencia en publicaciones independientes de calidad, sobre todo en Europa.

A medio camino entre la publicación diaria de un periódico y el blog colaborativo de menor frecuencia, pero con *posts* más profundos.

Economist's View

(http://economistsview.typepad.com/economistsview)

Blog personal del experto Mark Thoma, un economista muy prolífico que escribe en los principales diarios independientes.

Publica dos *posts* al día, uno de los cuales es un recopilatorio de cinco a diez *links* a artículos que considera de máximo interés.

Como otros econblogs, habla sobre temas del día, a veces como un mero comentario a otro artículo, y en otras ocasiones con un artículo más profundo, que hace cada dos días.

Es un buen sitio para aprender economía, puesto que trata temas conceptuales a través de acontecimientos diarios de la economía, en un tono divulgativo, como en una clase de economía de una universidad.

Activo desde 2005.

Naked Capitalism (www.nakedcapitalism.com)

Sin duda, uno de los mejores blogs de economía del mundo.

Lanzado en 2005, año mágico para la econblogosfera, escrito por varios autores bajo la edición de Yves Smith –seudónimo que utiliza para publicar Susan Webber, autora también del libro *ECONned*[128], uno de los mejores textos sobre economía financiera, los problemas de la teoría para explicarla y sus vicios y por qué se llegó a la situación de crisis financiera mundial–.

Publican entre tres y cinco artículos cada día, uno de los cuales

---

[128] *ECONned: How Unenlightened Self Interest Undermined Democracy and Corrupted Capitalism.* Yves Smith. 2010. St. Martin's Griffin. New York.

es una recopilación de *links* de los mejores artículos bajo su criterio.

Economía heterodoxa, crítica, con gran énfasis en economía financiera. Una mezcla de profesionales de las finanzas y teoría económica alternativa.

Recibe más de un millón de visitas cada mes.

EconLog: Library of Economics and Liberty
(http://econlog.econlib.org)

Es una librería abierta sobre economía. Tiene el formato de blog, es muy didáctica y contiene muchos recursos para profundizar.

En el blog tienen republicados grandes clásicos de la literatura económica, pero lo más interesante son las guías abiertas que ofrecen, que tocan todos los temas de la economía, con la ventaja de que son acompañadas con un artículo publicado en la Red con ejemplos reales de actualidad. También contiene vídeos y *podcasts*.

Sigue la estructura de actualización de los blogs colaborativos con una frecuencia de publicación diaria.

Un buen sitio para aprender fundamentos de economía.

El Blog Salmón (www.elblogsalmon.com)

Es el blog de referencia de habla hispana sobre economía general.

Es una bitácora colaborativa de varios autores, que publican dos artículos cada día. Suelen ser *posts* extensos en un tono divulgativo para todos los públicos.

Pertenece a la red Weblogs[129], que incluye otros blogs

---

[129] https://www.weblogssl.com/

interesantes de otras temáticas y que cuenta con una fuerte presencia en Latinoamérica.

Tratan una gran variedad de temas de economía, sobre todo mercados financieros, disciplina económica, macroeconomía y economía doméstica.

Un buen sitio para aprender economía y a la vez estar al día.

Vox (http://voxeu.org)

Es la web del *Centre for Economic Policy Research*, más conocido por su acrónimo CEPR.

Es una web que sigue el formato de blog colaborativo. En este caso sobre investigación en política económica, con especial orientación a Europa.

Publican dos artículos cada día y tienen multitud de recursos en caso de querer profundidad, entre los que destacan los más de 700 *papers* que han publicado desde la formación del centro de estudios en 1983.

Muy interesante también la parte de *Publications*, con una enorme variedad de libros, que se pueden descargar gratuitamente en formato PDF y EPub para libro electrónico.

Blog IMF Direct (https://blog-imfdirect.imf.org)

Es el blog del Fondo Monetario Internacional. Sigue la estructura de blog colaborativo, en este caso elaborado por economistas del FMI.

Suelen publicar una o dos veces a la semana, aunque no siempre de forma regular.

Trata sobre todo economía mundial en todas sus vertientes. Aunque el FMI tiene sesgos indudables no exentos de sospechas, es un espacio que te puede llevar a información y documentación de valor cuando quieras datos sobre algún tema concreto a nivel macroeconómico.

Los *posts* no son demasiado destacables, pero el blog es un buen punto de partida hacia estudios, *papers*, datos y enlaces a otros *sites*.

The Baseline Scenario (https://baselinescenario.com)

El subtítulo del blog es *What happened to the global economy and what we can do about it* (Qué sucedió en la economía mundial y qué podemos hacer), y describe perfectamente de lo que se escribe en este econblog y con qué fin.

Sus autores son Simon Johnson, execonomista jefe del FMI y profesor del MIT, y Peter Boone, responsable de un centro de estudios asociado a la London School of Economics. Casi nada.

Escriben un artículo cada dos días. Suelen ser publicaciones cortas sobre temas concretos. Como en otros blogs pueden ser comentarios a un artículo, una noticia o incluso un tuit. Siempre respaldados por datos y gráficos sacados de estudios serios. Te puedes imaginar las fuentes que utilizan sus autores.

Otro buen lugar para aprender conceptos esenciales de economía, con ejemplos del día a día, basados en estudios y datos de primer orden.

Teoría de la Economía

Grasping Reality with the Invisible Hand
(http://delong.typepad.com)

Blog escrito por el economista J. Bradford Delong, profesor de economía de la U.C. Berkeley y uno de los economistas más respetados del mundo. En el blog escribe cada día sobre dinámica del ciclo económico, crecimiento, política económica, historia económica, finanzas internacionales y pensamiento económico.

Alterna artículos propios con repositorios de artículos de otros economistas de referencia y pequeños comentarios a noticias de otras publicaciones.

Es un blog para un público con conocimientos de economía y/o que esté acostumbrado a leer sobre economía.

Bank of International Settlements (www.bis.org/index.htm)

Es la web del Banco de Pagos Internacionales. Publica regularmente estudios sobre finanzas internacionales y política monetaria.

Las publicaciones tienen un alto componente teórico, casi todas ellas son *working papers* de desarrollo académico.

Es muy técnico y no apto para público profano. No obstante, algunos estudios que muestran conllevan una gran investigación que se puede utilizar para comparar, escribir o realizar estudios propios.

Crooked Timber (http://crookedtimber.org)

El título extendido del blog es *Out of the crooked timber of humanity, no straight thing was ever made*, una cita del filósofo Immanuel Kant que se traduce como: "De la madera torcida de la humanidad no puede obtenerse nada que sea realmente recto".

Es un blog colectivo de varios economistas de referencia en Australia, entre los que destaca John Quiggin, toda una eminencia.

Bajo mi punto de vista es el mejor blog sobre economía teórica y sus implicaciones en la sociedad, que además puede leer todo el mundo, sepa o no de economía. Tiene una estructura y funcionamiento muy parecidos a *Nada Es Gratis* en todos los sentidos.

Fue fundado en 2003 y desde entonces aparece en el *top* de todos los *rankings* sobre medios independientes y la blogosfera.

Publica entre uno y dos artículos diarios y es difícil ver uno con menos de cien comentarios.

Cafe Hayek (http://cafehayek.com)

Blog del economista norteamericano Donald J. Boudreaux junto con Russ Roberts. Es otro de los blogs de referencia desde su creación en 2004.

Aborda las diferentes áreas económicas desde postulados liberales basados en los economistas austriacos, sobre todo en las teorías Friedrich Hayek.

Es un blog muy interesante para aprender sobre esta rama teórica de la disciplina económica que, como el resto de blogs, la explica a través de los problemas y acontecimientos de la vida real.

El elemento diferenciador es que casi todos los *posts* son comentarios a citas de libros o comentarios sobre otros artículos. Suelen ser cortos y muy ilustrativos. Otra manera de aproximarse a la economía teórica de forma amena.

Dani Rodrik's Weblog (http://rodrik.typepad.com)

Blog personal del economista Dani Rodrik, profesor en Harvard y una de las voces económicas más brillantes de las últimas décadas.

Como indica su lema, *Unconventional thoughts on economic*

development and globalization, el blog trata sobre el desarrollo económico, la globalización y el desarrollo de modelos teóricos económicos fuera de la convención económica de la disciplina.

Rodrik fue uno de los pocos economistas que avisaron de la crisis económica que se estaba gestando y auguraron lo que iba a ocurrir. Y fue de los pocos que sabemos porque lo relataba en este blog en los años precedentes a 2007.

Uno de los mejores economistas y uno de los mejores blogs –y medios– del planeta.

New Economic Perspectives
(http://neweconomicperspectives.org)

Blog colectivo de un grupo de economistas académicos de universidades estadounidenses. Como su propio nombre indica, tratan aspectos fundamentales de la economía desde diferentes perspectivas.

Cabe destacar los artículos que abordan la teoría moderna del dinero y las implicaciones de este en política económica y sus efectos.

Publican un artículo diario y son abundantes los que analizan escándalos financieros y problemas en los intermediarios financieros, sobre todo los bancos, con datos y argumentos que no se suelen ver en la prensa tradicional.

Econbrowser (http://econbrowser.com)

Blog centrado en cuestiones teóricas de política económica y macroeconomía.

Escrito por los economistas James D. Hamilton y Menzie Chinn, que publican un artículo diario.

Se centran en aspectos macroeconómicos como producción,

desempleo, demanda agregada, tipo de cambio, exportaciones...

Artículos cortos que suelen venir acompañados de un gráfico y por lo tanto fáciles de entender.

Real-World Economics Review Blog
(https://rwer.wordpress.com)

Es el blog de *Real-World Economics Review*, la revista que lleva más tiempo poniendo en tela de juicio los postulados de la economía convencional y proponiendo la necesaria apertura de la disciplina a otras ramas.

Escriben cada dos o tres días. Desde el punto de vista didáctico es tal vez uno de los mejores blogs, entre otras cosas porque en él escriben estudiantes.

Entre los economistas habituales están referentes como Steve Keen, Michael Hudson o Lars P.Syll –por nombrar solo unos pocos– y en su panel de editores han pasado todos los grandes economistas heterodoxos. Está dirigido por Edward Fullbrook.

Recomiendo la revista mensual, gratuita: http://www.paecon.net/PAEReview/

Esta última es una gran fuente de inspiración de ideas, planteamientos ontológicos y filosofía de la propia ciencia económica.

Uno de los mejores sitios para aprender sobre los pilares fundamentales de la economía.

Why Nations Fail (http://whynationsfail.com)

Con el mismo nombre que el *bestseller* mundial que los llevó a la fama del público no especialista, trata sobre la economía desde el punto de vista de las instituciones. Explica cómo las políticas económicas llevan a crecer o al desastre de las economías. Ellos hicieron famosa la expresión de "las rentas extractivas" de las clases dirigentes.

Dejó de publicar en 2014, pero el blog sigue siendo un manual de economía y el material es abundante, sobre una temática, la economía institucional, que no se suele abordar con rigor y los artículos son una mina de oro para ir degustando poco a poco.

Nada Es Gratis (http://nadaesgratis.es)

El econblog por excelencia en español. Los mejores artículos sobre economía escritos por los mejores economistas académicos e investigadores españoles de mayor prestigio. Los artículos están dirigidos al gran público. Economía en estado puro, carente de sesgo político y con un esfuerzo divulgativo que se agradece.

Está enfocado a la economía española, trata de dar respuesta a los problemas a los que se enfrenta la sociedad desde un punto de vista económico de gran apertura. Como casi todos los autores trabajan en las mejores universidades del extranjero, le da una perspectiva de análisis muy favorable marcada por esta distancia.

Si fuera profesor de economía lo pondría de lectura obligada.

Angry Bear Blog (http://angrybearblog.com)

Fundado en febrero de 2003, pertenece a la primera hornada de grandes econblogs que siguen en activo.

Es un blog colectivo de varios economistas académicos estadounidenses que publican un artículo cada día.

Está centrado en análisis microeconómico.

Pieria (www.pieria.co.uk)

Se presentan como una red social de expertos y una revista *online*. Es una comunidad de economistas académicos de prestigio que escriben en una edición digital independiente.

Escriben sobre política económica, regulación y grandes temas de la economía. Puedes encontrar artículos de pensamiento crítico, entrevistas, lecturas recomendadas, comentarios a otros artículos y comentarios a acontecimientos económicos muy relevantes. El último artículo es de marzo de 2016, no obstante, es un *site* con muchísimos artículos para comprender la economía, no caducan.

Lars P. Syll (https://larspsyll.wordpress.com)

Es el blog personal del economista y filósofo sueco Lars P. Syll, una referencia en el mundo de la economía heterodoxa.

Es un autor muy prolífico y publica varios artículos al día. Sus artículos son muy didácticos y aborda los problemas que tiene ciencia económica –sobre todo la macroeconomía– para predecir y explicar correctamente los acontecimientos económicos. Se centra en exponer los fallos de la disciplina económica a la hora de explicar lo que sucede en la realidad.

La mayoría de artículos son pequeños comentarios a citas de otros grandes economistas. Es un buen lugar para aprender economía teórica sin matemáticas.

A Fine Theorem (https://afinetheorem.wordpress.com)

Es el blog personal de un profesor de economía canadiense al que le gusta mucho la disciplina y escribe artículos para desarrollar su campo de conocimiento.

Desarrolla un abanico de temas muy interesante: historia del pensamiento económico, información económica y teoría.

Muy didáctico y bien documentado con multitud de links dentro de los artículos.

Economía Financiera

Seeking Alpha (http://seekingalpha.com)

Es el blog más importante sobre inversiones y finanzas personales; inversión en todo tipo de activos cotizados y sobre todo investigación sobre diferentes estrategias. Tiene un ritmo de publicación muy alto y los artículos que aparecen son técnicos, extensos y muy elaborados. Lo escriben profesionales independientes. Para sacarle partido hay que tener un mínimo de conocimientos en el área de inversiones financieras. Es una mina para sacar ideas y plantear soluciones alternativas a la inversión en los mercados financieros.

Los principales medios sobre temas financieros se nutren de sus mejores artículos.

Para no perdernos entre la alta publicación que tiene, lo mejor es elegir una temática concreta y que nos envíen un correo electrónico diario o semanal con lo más destacado.

Zero Hedge (http://www.zerohedge.com)

Es la publicación alternativa independiente por antonomasia en los mercados financieros. Si quieres saber qué es lo que está pasando de verdad en el *lado oscuro* del mundo financiero deberías leerlo.

Se trata de un blog colaborativo en el que sus autores escriben bajo el pseudónimo Tyler Durden, el protagonista de la novela y película *El club de la lucha*. Publica de forma anónima para proteger a sus editores, ya que cuentan todos los entresijos de Wall Street. Entre otras cosas fueron los que explicaron los *Flash Crash* y el beneficio que sacó de ello Goldman Sachs.

Dshort (www.advisorperspectives.com/dshort)

Es el blog colaborativo de *Advisor Perspectives*. Escriben varios artículos al día, siempre acompañados de varios gráficos explicativos. Con una visión de largo plazo, contiene los mejores estudios de los mercados financieros basados en teorías de ciclo económico.

Es un *site* consultado por profesionales del sector financiero en todo el mundo cuando buscan investigación práctica sobre los mercados financieros. Al utilizar gráficos para todo lo que explican, su lectura se hace más asequible.

Keiser Report (www.maxkeiser.com)

Es un programa de televisión *online* de 30 minutos. Se emite dos o tres veces a la semana. Su director y presentador, Max Keiser, es un antiguo corredor de bolsa experto en tecnología virtual.

Es el mejor sitio al que acudir si quieres entender cómo evolucionan los mercados financieros, la economía y los peligros y la cara b que esconden.

Tiene dos ventajas, la primera es que a pesar de la profundidad de los temas no es necesario tener conocimientos previos para seguir el programa. La segunda es su formato, más visual y ágil que el texto. Son vídeos de 30 minutos divididos en dos partes muy fáciles de seguir, con entrevistas y explicaciones muy gráficas.

Los vídeos están doblados al español: https://actualidad.rt.com/programas/keiser_report

Mauldin Economics (www.mauldineconomics.com)

Es el blog personal del economista Jon Mauldin, una referencia en Estados Unidos. En realidad escribe un elenco de economistas especializados en economía financiera.

Publica una vez a la semana un artículo largo, de enorme profundidad, que trata de explicar las fuerzas que mueven los mercados financieros y la economía global.

Es una voz autorizada e independiente que aporta otros elementos y perspectiva. Su forma de escribir es más periodística y busca relaciones con las noticias económicas que resultan interesantes.

Macro Blog (http://macroblog.typepad.com)

Es el blog de la Reserva Federal de Atlanta. Publica una vez a la semana. Combina el análisis macroeconómico con los asuntos de los mercados financieros; política monetaria, sistema de pagos, tipos de interés o regulación financiera.

Las publicaciones de esta institución son una referencia para los profesionales del sector financiero de todo el mundo.

Se trata de un *site* para acudir en busca de investigación y datos macro. Está enfocado a un público más profesional, aunque sus artículos los puede entender cualquier persona que tenga interés en macroeconomía.

Positive Money (http://positivemoney.org)

Pequeña organización británica que lucha por democratizar el sistema bancario y explicar los problemas del sistema financiero actual, los problemas de la deuda que crean y todo lo relacionado a través de infografías y pequeños vídeos.

Se centra en el sistema británico, pero es extrapolable.

Utilizan un lenguaje muy divulgativo y está pensado para todos los públicos. Tiene publicaciones y documentos muy interesantes para comprender cómo funciona el dinero en la economía actual.

Gurus Blog (www.gurusblog.com)

Probablemente es el mejor blog para tener una idea de los hechos relevantes y menos conocidos de la economía financiera sin volverse loco. Está centrado en bolsa, finanzas, inversión y política económica. Algunos de sus autores publican bajo pseudónimo y otros no.

Tiene una gran ventaja sobre los anglosajones del mismo tipo: publica un *post* al día. Esto permite escapar del ruido y alta frecuencia. Los autores son profesionales del asesoramiento financiero que están al día de las noticias financieras más relevantes. En ocasiones el *post* es un simple gráfico con una opinión corta que titulan *Comentario Gurus*. Dirigido a todos los públicos.

Euribor (www.euribor.com.es)

Es un blog de mercados financieros desde la óptica del lector español. Suelen publicar un artículo diario y estos dan una visión crítica de los diferentes acontecimientos financieros.

Un *site* interesante para el lector español que quiere seguir los que ocurre en los mercados financieros sin ser profesional.

Cárpatos (www.estrategiasdeinversion.com/carpatos)

Página personal de José Luis Cárpatos, considerado por muchos el mejor analista técnico español de los mercados financieros. Se apoya en un grupo de trabajo que la actualiza al día decenas de veces y que a su vez se apoya en estudios financieros de otros sites profesionales. Su extenso resumen diario al final de la jornada es una lectura obligatoria.

Está dirigido un lector que sigue a diario los merados financieros y es activo en este campo. Tal vez el mejor lugar para estar actualizado de todo lo que ocurre en los mercados financieros en tiempo real.

Lend Academy (www.lendacademy.com)

Es el blog de referencia sobre la inversión y financiación alternativa. Aunque está centrado en el *peer to peer lending*, abarca mucho más.

Analiza todos los nuevos movimientos de la industria de forma profesional y es muy útil a nivel personal, tanto para saber por dónde va la industria como para aprovecharnos de su material explicativo y aplicarlo a nuestras finanzas personales.

Moneyness (http://jpkoning.blogspot.com)

Blog de referencia sobre el funcionamiento del dinero y los nuevos medios de pago y criptomonedas.

Su autor combina estudios de mercados financieros, historia e innovación financiera en artículos bien documentados. Publica una vez a la semana y lo puede leer cualquier persona interesada en estos temas.

La Carta de la Bolsa (http://lacartadelabolsa.com)

Diario *online* sobre mercados financieros y su relación con elementos fundamentales de economía. Está centrado en lo que ocurre en Europa.

Cabe resaltar la columna de opinión diaria de Santiago Niño Becerra, uno de los pocos autores que avisaron de la crisis que venía. Utiliza sus artículos para sus *bestsellers*. También es destacable los análisis diarios de Moisés Romero, profesional de los mercados financieros desde hace muchos años.

El tono de los artículos suele ser sombrío, pero esto es lo que nos interesa, la opinión de lo que puede ocurrir, de los peligros, de la cara b. Lo que no te van a contar en los *mass media*.

AltFI (www.altfi.com)

Se ha convertido en una referencia en lo que se ha venido a llamar *shadow banking* y más ampliamente *fintech*. Publican artículos sobre la industria del *crowdfunding* en todas sus vertientes y tienen el único índice de plataformas *peer to peer* de Europa.

Es un *site* de obligada revisión para el lector interesado en la disrupción de la intermediación financiera, la nueva financiación y las inversiones alternativas. Contiene recursos y datos del sector actualizados.

Finanzas Personales

Good Financial Cents (www.goodfinancialcents.com)

Es el blog sobre finanzas personales más seguido de Estados Unidos, con más de medio millón de visitas mensuales

Su autor, Jeff Rose, es un asesor financiero (CFP) que escribe un *post* al día o cada dos días sobre todos los aspectos de las finanzas personales de una familia, desde temas como el ahorro, consejos sobre inversión a largo plazo, seguros o inmobiliarios a desarrollo de ideas de negocio.

Contenido útil junto con una serie de recursos complementarios muy prácticos. Escrito para todos los públicos y niveles, no es necesario tener conocimientos financieros para seguirlo.

A Wealth of Common Sense

(http://awealthofcommonsense.com)

Blog sobre inversión a largo plazo, en concreto sobre gestión de carteras personales, mercados financieros y psicología del inversor. Es uno de los mejores *sites* por la calidad de su contenido y los estudios que aporta.

Su autor, Ben Carlson, es asesor financiero (CFA) y es el autor de unos de los mejores libros sobre la materia. Escribe un artículo cada dos días.

Está dirigido a un público con conocimientos, algo más técnico. Uno de los lugares de referencia para profesionales independientes de la inversión personal a largo plazo.

Financial Samurai (www.financialsamurai.com)

Es un blog personal que destaca por sus artículos, trabajadísimos y extensos, sobre finanzas personales.

Llama la atención la comunidad de seguidores que reúne, con artículos que pueden tener más de 750 comentarios y rara vez bajan de 50.

Su autor se retiró en 2012 del mundo de las finanzas y se dedica a explicar cómo gestionar una cartera personal de inversiones a largo plazo.

También destaca porque explica cómo crear tu propio blog y utilizarlo para construir un negocio propio, con lo que mezcla conocimiento con *lifestyle*.

Comenzó a publicar en 2009 y escribe un artículo cada dos o tres días. Aunque el contenido tiene un buen nivel técnico, está escrito para todos los públicos.

Abnormal Returns (http://abnormalreturns.com)

Es ante todo un recopilatorio de los mejores artículos de la Red. Publican un artículo diario con los mejores estudios y artículos en torno a un tema concreto.

Su autor, Tadas Viskanta, es un inversor de larga trayectoria con decenas de *papers* publicados y que utiliza el blog como un repositorio diario de los mejores estudios sobre inversiones y gestión de carteras.

Está dirigido a un público técnico y con cierto nivel. Un sitio al que acudir para estudiar ideas de inversión y profundizar.

Kitces (www.kitces.com)

Blog personal del asesor financiero estadounidense Michael Kitces, que tiene todas las certificaciones financieras que te puedas imaginar.

Escribe cada dos o tres días, artículos muy trabajados y extensos sobre los diferentes aspectos de la gestión de finanzas personales.

Es un blog para un perfil de lector más técnico, de hecho una parte de sus artículos están escritos para asesores financieros. Una referencia para este colectivo.

También lo puede seguir el lector aficionado a la gestión de inversiones, que busca profundidad y contenido práctico.

Oblivious Investor (www.obliviousinvestor.com)

Blog de referencia sobre inversión indexada. Especializado en carteras de gestión pasiva y seguimiento de índices a través de ETFs y fondos índice.

Ideal para seguidores de inversión tipo *Bogle* y carteras permanentes. Como dice el subtítulo del blog, *Simple, low-maintenance investing*.

Su autor, Mike Piper, un asesor financiero estadounidense (CPA), escribe un artículo a la semana donde expone un pequeño resumen de un tema y da una selección de los cinco o diez mejores artículos sobre *index-investing*.

Canadian Couch Potato (http://canadiancouchpotato.com)

Tras este nombre tan humorístico se esconde uno de los mejores blogs sobre inversión indexada. Escriben sobre carteras de inversión a través de fondos cotizados y en concreto sobre toda la gama de estrategias de inversión con este vehículo financiero, desde inversión pasiva pura a estrategias *momentum* más sofisticadas.

Es el blog personal del gestor y asesor financiero estadounidense Dan Bortolotti (CFO, CIM). Publica entre dos y tres artículos cada semana.

Meb Faber (http://mebfaber.com)

Blog personal del asesor y gestor estadounidense Meb Faber, uno de los más conocidos y reputados, tanto por sus publicaciones – libros y *papers*– como por su gestión y publicación abierta.

Comparte sus investigaciones y lecturas en un lenguaje no técnico, pero para un público acostumbrado al mundo de la inversión a largo plazo. Dirigido a profesionales y personas aficionadas a la gestión financiera personal.

Es sin duda uno de los mejores blogs sobre finanzas personales y uno de mis favoritos. Publica tres veces por semana.

Vanguard Blog (http://vanguardblog.com)

Blog de la gestora Vanguard, la mayor del mundo, especializada en fondos índice y fondos cotizados (ETFs).

Es la gran referencia en estudios sobre inversión indexada y su comparativa con la gestión activa y fondos de inversión.

Publican varios autores de la firma y la frecuencia de publicación es diaria. Dirigido a un lector profesional interesado en esta parte de las finanzas personales.

Wall Street Survivor Blog (http://blog.wallstreetsurvivor.com)

Si no eres un lector técnico o acostumbrado a leer sobre inversión a largo plazo, pero quieres aprender y no perder la profundidad de los blogs anteriores, este puede ser el blog.

Publican un artículo al día y cubren todo el espectro de las finanzas personales desde apps ciclo económico, guías prácticas a conceptos clave de las inversiones. Todo con una puesta en escena muy cuidada y con un tono divulgativo fácil de seguir para cualquier lector.

Pequeño Cerdo Capitalista
(www.pequenocerdocapitalista.com)

Blog de la mexicana Sofía Macías sobre finanzas personales, escrito y dirigido al público general. En España se dio a conocer gracias a su libro _Finanzas personales para hippies, yuppies y bohemios_, que perseguía dar una serie de pautas para gente no financiera en la gestión personal del dinero.

Publica un artículo cada dos días y está dirigido al público latinoamericano e hispano en general. También publica vídeos cortos y _podcasts_ y es bastante ameno.

Dual Momentum (www.dualmomentum.net)

Blog personal del gestor estadounidense Gary Antonacci, todo un mito para los gestores y asesores financieros independientes, debido a los resultados de su cartera basados en estrategias de tipo *momentum* –de hecho, es su gran referente y precursor– y por ser uno de los primeros profesionales en utilizar la gestión a través de fondos índice en los años 70.

La frecuencia de publicación es baja, un artículo al mes. Pero son tan buenos, prácticos y de tanta profundidad que son esperados como el agua en primavera por todos los que se dedican a la gestión de carteras global.

Disruptive Finance (www.disruptivefinance.co.uk)

Uno de los blogs de referencia sobre disrupción financiera. También un gran desconocido.

Su autor, Huy Nguyen Trieu, exdirectivo de City y emprendedor, escribe una o dos veces por semana.

El blog trata sobre toda la revolución tecnológica que está experimentando el sector financiero y cómo nos afecta, desde el *blockchain* al *crowdlending* a nivel internacional, analizando las nuevas tendencias y modelos de negocio.

Economía de Investigación

Research Gate (www.researchgate.net)

Es una red colaborativa de investigación al más alto nivel, no solo económica sino de cualquier disciplina. Tiene una base de datos de revistas científicas con más de 35 millones de registros, foros y grupos de discusión en los que se pueden realizar búsquedas semánticas.

Con sede en Boston y Berlín, en la actualidad suma más de 8 millones de usuarios. Provee a estos de diferentes herramientas para hacer investigación en una enorme base de datos, *papers*, artículos, etc.

Dependiendo de tu perfil la plataforma te ofrece las herramientas, grupos y materiales relacionados con tu disciplina.

Es de acceso libre y en la actualidad hay más de 1.000 grupos de investigación.

Academia (www.academia.edu)

Red social de académicos a nivel internacional. Se utiliza para compartir artículos de investigación y medir su impacto a través de diferentes métricas. Tiene más de 5 millones de trabajos y 16 millones de usuarios únicos cada mes.

Es de acceso abierto y persigue distribuir la información de la mejor manera posible, para posibilitar que el acceso al conocimiento permita avanzar más rápido en la investigación.

Un reciente estudio ha demostrado que el 69% de los *papers* citados en el mundo en los últimos 5 años están subidos a esta red.

European Commission
(http://ec.europa.eu/finance/topics/index_en.htm)

Es la parte de *Banking and finance* de la Comisión Europea. Contiene información sobre el sistema financiero, sus mecanismos de funcionamiento y políticas monetarias, así como otros estudios sobre elementos macroeconómicos relacionados con los mercados financieros.

Contiene todos los textos, preguntas y alegaciones sobre nueva normativa que va saliendo, relacionada con todo el espectro relacionado con los mercados financieros, desde los productos a la regulación de la actividad de sus agentes.

Es una fuente muy valiosa para cualquier profesional del sector que trabaje en el entorno europeo.

Ideas (https://ideas.repec.org)

Es una parte del *Research Papers in Economics* (REPEC). Contiene *papers*, artículos, capítulos de libros y libros enteros sobre investigación económica.

Junto con *Econpapers* es el lugar al que acudo cuando necesito estudiar un tema concreto sobre economía y finanzas dentro de mi campo. Esto quiere decir que es idóneo para los que no somos académicos, pero necesitamos profundizar de manera más técnica sobre aquello en lo que trabajamos.

Es un repositorio de material de investigación abierto a todo tipo de lector. También tiene un apartado de estadísticas muy interesante. En la actualidad acumula 2,1 millones de trabajos de investigación económica.

Social Sciences Research Networks (www.ssrn.com/en)

Es un repositorio parecido a los anteriores pero centrado en ciencias sociales y humanidades, dentro de las cuales incluyen economía y finanzas, que son las dos áreas que recomiendo a los efectos de esta selección.

Casi todos sus trabajos se distribuyen en la red REPEC y contiene la investigación de las mejores universidades norteamericanas.

Incluye un blog (http://ssrnblog.com/) que publica una vez a la semana el *top* 5 de los *papers* que se van publicando.

Quantitative Finance (Cornell University Library)
(http://arxiv.org/archive/q-fin)

Es el área de finanzas cuantitativas de *Arxiv*, un repositorio de *papers* de investigación de la Universidad de Cornell.

Tiene la particularidad de que los trabajos alojados todavía no han sido impresos para su publicación definitiva, no han pasado el proceso de revisión que requiere la publicación en revistas científicas.

En concreto esta área es idónea para profesionales del mundo de las finanzas que están profundizando sobre temas técnicos dentro de los mercados financieros, ya sea para operar en ellos o para realizar investigación académica.

Econpapers (http://econpapers.repec.org)

Es el repositorio de *papers* de economía de REPEC, la mayor colección de trabajos de investigación en economía del mundo. La información de *Ideas* y *Econpapers* está compartida.

Es uno de los sitios que más he utilizado para el tipo de lecturas que realizo para investigar por mi cuenta, escribir en el blog e incluso para orientarme en algún aspecto de este libro.

La búsqueda es sencilla y funciona como el resto de repositorios, lees un resumen del *paper* y si te interesa te lo descargas.

R-Bloggers (www.r-bloggers.com)

Es el blog de usuario del programa econométrico de código abierto "R".

He incluido este *site* aquí porque abarca mucho más que eso: está compuesto por una comunidad de caso 600 autores activos que comparten a diario su investigación, relacionada casi siempre con los mercados financieros. Muy útil para aquellos de perfil *quant*, programador o ingeniero, porque comparten *scripts* para solucionar problemas, tanto de cálculo como, sobre todo, de representación visual.

También contiene abundantes tutoriales de otras herramientas de uso en la operativa de mercados financieros, como excel, lenguaje SQL para bases de datos o cálculos econométricos en series temporales, pero siempre con un objetivo práctico.

Además, es un buen lugar de acceso a otros portales de aprendizaje y recursos sobre investigación financiera.

Federal Reserve Bank of Dallas (http://www.dallasfed.org)

Base de datos y publicaciones de la Reserva Federal de Dallas. Es uno de los lugares a los que acuden muchos analistas y divulgadores sobre temas macroecónomicos.

Contiene numerosos recursos a nivel global como su *Global Insitute*, la parte de *Economic Education* y, por supuesto, toda la investigación a través de *papers* y *data* de acceso libre.

Ideal para periodistas económicos que escriben sobre temas macroeconómicos y para perfiles más académicos que publiquen en medios generalistas.

Institute for New Economic Thinking (INET)
(http://ineteconomics.org)

Es un *think tank* de pensamiento económico alternativo con base en Nueva York e impulsado por George Soros y otros filántropos e instituciones del más alto nivel, como la Alfred P. Sloan Foundation.

Están desarrollando desde su nacimiento en 2009 una disciplina económica alternativa a la ortodoxa, un nuevo currículo para enseñar en las universidades, que sea capaz de describir mejor la realidad y prediga mejor los problemas que se presentan en el nuevo paradigma económico.

Entre sus filas hay numerosos premios Nobel y economistas de mayor prestigio internacional que no comulgan con la ortodoxia que impera las instituciones, tanto políticas como educativas.

Publican investigación y contiene un blog que se actualiza dos o tres veces a la semana. Está lleno de recursos y es uno de los lugares con mejor información para comprender la economía. Vale tanto como lugar de investigación como educativo.

Economía Educativa

Quarterly Bulletin (Bank Of England)
(www.bankofengland.co.uk/publications/Pages/quarterlybulleti n/default.aspx)

El *Quarterly Bulletin* –informe trimestral– es una mina de oro para aprender economía financiera. Su publicación es cada tres meses, con lo que tienes tiempo de leerlo con tranquilidad. Los informes están en pdf y te los puedes descargar o imprimir.

Para ampliar la temática, www.bankofengland.co.uk/publications/Pages/default.aspx. Allí tienes más estudios y con una frecuencia de publicación mayor. Esta parte de la web del Banco de Inglaterra contiene algunos de los mejores artículos y estudios sobre economía financiero de los que existen en la red. Sobre todo lo relativo al funcionamiento del dinero y el sistema financiero que lo soporta.

Tim Harford (http://timharford.com)

Tim Harford es un economista y columnista británico que se hizo mundialmente conocido al público general con su libro *El economista camuflado*, en 2006, cuando solo tenía 33 años, una edad temprana para la madurez intelectual en un economista.

Todas sus publicaciones son puramente divulgativas, de hecho tiene uno de los programas de radio sobre temas económicos más seguidos. Explica cuestiones esenciales de la disciplina económica mediante acontecimientos de la vida diaria que nos afectan a todos.

He seleccionado su página personal porque es el lugar donde va recopilando todo lo que publica –*permalink*–, tanto en libros, radio como en prensa.

Finanzas para todos (www.finanzasparatodos.es)

Portal educativo impulsado por la Comisión Nacional del Mercado de Valores (CNMV) y el Banco de España. Tratan todos los temas financieros que afectan a una familia, desde productos financieros y seguro del hogar a las etapas de la vida y la educación financiera de los hijos.

No son constantes en la frecuencia de publicación, pero de media cuelgan un *post* a la semana. También tienen una serie de recursos permanentes de gran utilidad para el público general.

Un buen sitio para el lector novato sin ningún conocimiento sobre finanzas.

The Everyday Economist
(https://everydayecon.wordpress.com)

Este blog personal de un profesor universitario estadounidense totalmente desconocido es un lugar ideal para aprender sobre cuestiones de economía general. Comenta *papers*, libros y explica conceptos e ideas de la disciplina económica saliendo de los lugares comunes.

Es un poco irregular en la publicación de post, pero merecen la pena porque son extensos y están bien explicados, de la forma que lo haría un profesor universitario a un alumno nuevo.

Tiene una selección de lecturas si quieres profundizar sobre economía y a su vez una selección de econblogs.

A Teachable Moment (http://tonyisola.com)

Es el blog educativo de Tony Isola, un asesor financiero (CFP) encargado de una de las divisiones de *Ritholtz Wealth Management*, la gestora del autor de *The Big Picture*, que veremos en la sección siguiente, uno de los blogs más seguidos, cuyo autor es una de las voces independientes más autorizadas sobre los mercados financieros.

Son artículos cortos y fáciles de entender, centrados en inversiones y finanzas personales. Publican entre dos y tres *posts* a la semana.

Economía Visual

Statista (www.statista.com)

Portal sobre estadísticas económicas y financieras de todo tipo, presentadas en forma de gráficos. Contiene más de un millón de estadísticas sobre 80.000 temas, obtenidas de más de 18.000 fuentes primarias.

Contiene una parte gratuita y otra de pago. Con la primera más que suficiente para el lector medio. Es un lugar ideal para obtener comparativas sobre cualquier asunto económico de manera gráfica.

Five Thirty Eight (https://fivethirtyeight.com/economics)

Apartado de economía de la web *Five Thirty Eight*, el *site* de Nate Silver, el personaje con cuya historia comenzábamos el primer capítulo del libro.

Escribe un artículo al día. A veces sobre estudios estadísticos y otras veces texto puro. Es el menos visual de los blogs presentados en esta sección, pero está siempre basado en el análisis estadística de datos. Es una de las referencias del sector a nivel mundial. Trata los diferentes problemas económicos desde esta perspectiva, el análisis de datos.

The Big Picture (http://ritholtz.com)

El gran clásico. Si tuviera que elegir solo cinco blogs, este sería uno de ellos. Una mezcla de mercados financieros, gestión de inversiones y macroeconomía en forma de infografías. Información visual exquisita y los mejores estudios del sector.

Es el blog personal de Barry Ritholtz, que es una de las voces independientes más autorizadas de la gestión de inversiones y mercados financieros. De hecho tiene una columna propia en *Bloomberg View* y *The Washington Post*. De esos escasos profesionales que a pesar de estar en la cima y escribir en las mejores tribunas, no tienen ningún problema en hablar de los males y vicios del negocio y los agentes que rodean el sistema.

Ha sido calificado como uno de los "15 periodistas económicos más importantes en Estados Unidos" y una de los "25 personas más *peligrosas* (en el buen sentido) en los medios financieros" junto a Max Keiser, Tyler Durden y otros ilustres que aparecen en esta selección de estaciones. Publica entre tres y cinco veces al día en el blog.

Visual Capitalist (www.visualcapitalist.com)

El mejor sitio de información económica visual para el lector medio, con conocimientos financieros y económicos básicos.

Es un medio canadiense, centrado en la información visual de negocios e inversiones a nivel internacional.

Publica una infografía interactiva al día acompañada de una explicación. Una crónica visual de lo que ocurre en la economía. Es un lugar ideal para seguir lo que sucede en los diferentes sectores financieros y económicos por la enorme capacidad explicativa de un solo vistazo de la información visual bien elaborada.

Nueva Economía

Wired (www.wired.com)

Es la web de referencia sobre los cambios de la nueva economía producidos por la tecnología. Primero como revista mensual en papel desde el año 1993 y luego como web.

Es el lugar que marca tendencia en el resto del mundo, sobre las tendencias de las tecnologías y su implicación en los negocios y la economía, con fuerte énfasis en la sociedad y la cultura.

A los efectos de esta selección, el área que interesa es la de *Business* (www.wired.com/category/business), y es conveniente entrar en ella porque en la parte general la frecuencia de publicación es muy alta, pero en esta se publican entre uno y tres artículos al día.

En este *site* podemos asistir a la descripción de nuevos modelos de negocio y desarrollos del nuevo paradigma económico y sus consecuencias sobre la sociedad y la cultura.

TED (www.ted.com)

TED es el acrónimo de "Tecnología, Entretenimiento, Diseño". Es una organización sin ánimo de lucro dedicada a difundir ideas que merecen ser escuchadas –*Ideas worth spreading*–.

En este *site* se alojan las famosas charlas TED, de 20 minutos de duración, impartidas por los expertos más prestigiosos del mundo sobre educación, negocios, ciencia, tecnología y creatividad. Con subtítulos en más de 100 idiomas.

Contienen más de 1.000 charlas en *streaming* y libres de descarga, que han sido vistas cientos de millones de veces. Charlas inspiradoras y revolucionarias concentradas en tan solo 20 minutos por los mejores conferenciantes.

Fast Company (www.fastcompany.com)

Otra de las revistas de referencia mundial sobre tecnología, negocios y diseño. Comenzó en 1995 como revista mensual y en la actualidad publica en su web a diario, tal como hace *Wired*.

Publica varios artículos cada día, siendo los más interesantes aquellos que hablan de los nuevos actores tecnológicos dentro de la economía global. Es el cruce entre tecnología y modelos de negocio lo que hace a esta publicación una de las más interesantes.

Recode (www.recode.net)

Web con artículos sobre noticias tecnológicas del mundo empresarial, centrada en Silicon Valley.

Revista *online* reputada dentro del sector, dentro de lo que se llama el *technology journalism* –periodismo tecnológico–. En la actualidad es propiedad del grupo de comunicación Vox Media, que posee otro sitio de referencia, *The Verge*. De hecho, ambas publicaciones comparten artículos.

Dentro de esta web se puede seleccionar la categoría que quieres seguir, puesto que la tecnología afecta a muchos ámbitos, tiene un *podcast* y varias columnas propias de expertos.

Recomiendo la categoría –*topic*– *Enterprise* (www.recode.net/enterprise). Publican un artículo cada dos días, sobre la innovación de los principales *players* económicos y sus efectos en temas como el trabajo o la comunicación.

Blog de Enrique Dans (www.enriquedans.com)

Es el blog de referencia en habla hispana sobre nuevos modelos de negocio en el mundo tecnológico.

Enrique Dans publica un artículo diario, lo lleva haciendo desde 2003 sin haber parado un solo día.

Si no quieres seguir las páginas anteriores, te recomiendo seguir directamente a Enrique Dans porque se nutre de publicaciones anglosajonas y sus artículos están muy bien documentados y llenos de referencias, además de contextualizar el contenido en el marco de la realidad española y europea.

Es un sitio obligado para comprender cómo va avanzando el nuevo paradigma económico y sus repercusiones sobre los diferentes sectores económicos, la sociedad, el impacto en el trabajo y la manera de procesar el conocimiento para aplicarlo.

MIT Tech Review (www.technologyreview.es)

Versión en español de la revista online *MIT Tech Review*. Publica cuatro artículos al día.

En sus artículos se habla de innovaciones en diferentes campos y la relación con los modelos de negocio y la economía. También tiene un apartado de blogs.

Los artículos son cortos y con buenas referencias a otros sites y estudios de prestigio. Sin duda un buen lugar para estar al día, en una publicación de una institución como el MIT y además en español.

Las Indias (https://lasindias.com)

Es un proyecto cooperativo *online* que lleva funcionando desde el año 2002. Publican un artículo cada dos días.

Se trata de un proyecto único porque combinan la tecnología, una filosofía de trabajo cooperativo, ética *hacker* y gestión abierta del conocimiento. Se sustentan en sus trabajos de innovación para empresas. Una aproximación a la realidad económica totalmente diferente pero coherente y digna de ser escuchada.

Destacan dos cosas: el conocimiento de sus autores y nivel de los *posts*, y los libros que tienen para su libre descarga. Los libros son muy buenos. Uno de ellos (*El poder de las redes*) está referenciado en este libro, puesto que lo consulté para la parte del nacimiento de la información distribuida.

Su fundador es Juan Urrutia, uno de los mejores economistas españoles vivos.

Blog de Marc Vidal (www.marcvidal.net)

Marc Vidal es la gran referencia sobre nueva economía en habla hispana. Emprendedor en serie, economista, inversor, *speaker* y ahora presentador del programa de televisión semanal *Economía de bolsillo* (RTVE). Este blog ha recibido numerosos premios.

Sus artículos tienen un componente más económico que las anteriores estaciones de este bloque. Publica entre dos y tres artículos a la semana, profundos y largos, sustentados en estudios y la experiencia del propio autor.

Es de los pocos economistas que escribieron sobre la crisis que se avecinaba antes de 2007, pero no por opiniones sobre los mercados financieros, sino porque al igual que hemos visto a lo largo de este libro, fue de las primeras voces que advirtieron que el problema de fondo era el cambio de paradigma económico a una economía global distribuida interconectada y que los efectos financieros y fiscales eran solo la consecuencia final, no su causa.

Sintetia (www.sintetia.com)

Blog colaborativo de tres economistas españoles sobre economía, finanzas e innovación. Saltaron a la Red en 2009 y han recibido varios premios. Independientes, didácticos y rigurosos. Escriben un artículo al día, extenso y alimentado de muchas fuentes.

Destacan sus *posts* sobre innovación y gestión del conocimiento para innovar dentro de la empresa. Combinan el rigor académico con la experiencia en el ámbito privado. Muy destacables los artículos de autores invitados, que suelen ser referencias de la innovación y gestión del talento. Un magnífico sitio para aprender y comprender la aplicación del "conocimiento al hacer" en nuestros días.

Otros

The Incidental Economist (http://theincidentaleconomist.com)

Blog centrado en la economía de la salud, en todo su espectro. Los editores jefes y fundadores son dos economistas académicos especializados en este área. Es un blog colaborativo, como la mayoría de los escritos por académicos.

Aunque está centrado en Estados Unidos, es muy interesante porque sintetizan la literatura económica ordinaria con este sector tan importante en cualquier economía desarrollada, pero cuyos campos no se suelen cruzar más allá de los presupuestos generales de cada nación.

Escriben un *post* al día y tienen un *podcast*. Son citados por numerosos periodistas, en parte debido a que es probablemente el único *site* que ofrece este tipo de análisis.

Politikon (http://politikon.es)

Es un blog que promueve debates y políticas basados en el conocimiento de las ciencias sociales, entre las cuales está la economía. Destaca por los análisis profundos de los temas que trata, la independencia de sus integrantes y la juventud de estos, jóvenes politólogos e investigadores sociales españoles nacidos en los 80.

Escriben un artículo al día sobre economía, política y sociedad, centrados en la Unión Europea y España. Muy recomendable para seguir aspectos de la economía desde el prisma político y social.

The Neighborhood Effects

(http://neighborhoodeffects.mercatus.org)

Blog sobre política económica y economía pública. Conformado por un grupo de académicos de la George Mason University. Aunque está centrado en la economía estadounidense es un punto de lectura obligatoria para las personas interesadas en las políticas económicas y su efecto sobre la sociedad y por supuesto sobre la economía y su funcionamiento.

Son artículos breves muy didácticos, centrados en explicar las políticas y sus efectos en base a conceptos clave de la disciplina económica.

Corporate Europe Observatory

(www.corporateeurope.org/translation)

El lugar donde se estudian, combaten y denuncian las prácticas de los *lobbies* en la Unión Europea. Tiene contenidos relevantes y una guía-tour sorprendente. No todo el contenido está en castellano.

CEO es un observatorio que investiga y publica informe sobre las actividades lobistas en Bruselas. Está formado por un grupo de investigadores de varios países bajo la forma de una entidad sin ánimo de lucro. Escriben dos o tres artículos a la semana, además de los informes, y la web contiene muchos recursos para profundizar.

Economists Do It With Models

(www.economistsdoitwithmodels.com)

Con este título tan sugestivo se presenta un blog sorprendente escrito por una de las pocas econblogueras, una economista independiente de Estados Unidos.

El blog es una mezcla de artículos didácticos relacionados con la economía del comportamiento –*behavioural economics*–, conceptos fundamentales de economía y humor, mucho humor. Los *posts* suelen ir acompañados de viñetas, dibujos, cómics y canciones. Publica dos o tres veces al mes.

¿Hay Derecho? (http://hayderecho.com)

Blog colaborativo escrito por abogados, doctores en Derecho y abogados del Estado en un lenguaje no técnico. Publican un artículo al día.

Realizan análisis profesionales de las cuestiones jurídico-políticas de actualidad enfocados al Estado de Derecho y en tono muy crítico. Destacables sus estudios sobre funcionamiento de la Administración Pública.

Muy recomendable para seguir los cambios normativos que afectan a las instituciones públicas en España.

Marca Propia (www.marcapropia.net)

Blog de Andrés Pérez Ortega, la persona que trajo a España el concepto de marca Personal o *personal branding*. Lleva más de 1.700 artículos desde que lo lanzara en 2004.

Podría haberlo incluido en el bloque de Nueva Economía, porque explica todo lo visto este libro sobre la nueva concepción del trabajo y el trabajador del conocimiento. Escribe tres veces por semana. Recomendable para cualquier persona, en cualquier situación laboral, en cualquier parte del mundo.

EL AUTOR

JORGE SEGURA ROMANO *(1981)*

Auditor y Consultor Financiero 2.0.

Licenciado en Administración y Dirección de Empresas por la Universidad de Navarra, posee el título de Auditor de Cuentas en ejercicio (R.O.A.C) y numerosas acreditaciones de programas en análisis financiero y bursátil.

Es autor de los libros "Despierta. Una visión indie de la economía" y "Crowdlending. Invertir como un profesional". También es autor de diversos artículos y guías de finanzas en medios especializados.

Su blog «Estratega Financiero» es toda una referencia en inversión alternativa y gestión de las finanzas personales.

VISITA EL BLOG:

http://estrategafinanciero.com/

www.ingramcontent.com/pod-product-compliance
Lightning Source LLC
Chambersburg PA
CBHW050503210326
41521CB00011B/2304